12歳の約束
そして世界の頂点へ

矢内由美子、寺野典子／著
石野てん子／イラスト

★小・・・・ア文庫★

目次

岸本勉／PICSPORT

勝《か》ち続《つづ》けることで 人類《じんるい》の記憶《きおく》に残《のこ》る 選手《せんしゅ》になる

吉田沙保里

よしだ・さおり

SAORI YOSHIDA

1982年《ねん》10月《がつ》5日《か》、三重県《みえけん》生《う》まれ。てんびん座《ざ》。中学生時代《ちゅうがくせいじだい》に世界王者《せかいおうじゃ》となり、2002年国内女王《ねんこくないじょおう》に。その後《ご》は世界大会《せかいたいかい》でも負《ま》け知《し》らず。五輪《ごりん》3連覇《れんぱ》、世界選手権《せかいせんしゅけん》13連覇《れんぱ》を遂《と》げている。

【オリンピック　レスリング女子】

体重別《たいじゅうべつ》に分《わ》かれてトーナメント戦《せん》を戦《たたか》う。吉田沙保里選手《よしださおりせんしゅ》は53キロ級《きゅう》で出場《しゅつじょう》（新階級制度《しんかいきゅうせいど》により、55キロ級《きゅう》から変更《へんこう》）。相手《あいて》の両肩《りょうかた》を1秒以上《びょういじょう》マットにつければ勝利《しょうり》できる（フォール勝《が》ち）。フォールがない場合《ばあい》、3分間《ぷんかん》を1ピリオドとし2ピリオド戦《たたか》い、トータルポイントで勝敗《しょうはい》を決定《けってい》する。また大《おお》きくポイント差《さ》が開《ひら》いた時点《じてん》で、ピリオドが終了《しゅうりょう》するケースもある。

オリンピックという夢《ゆめ》がエネルギーに

試合終了《しあいしゅうりょう》のブザーが鳴《な》った瞬間《しゅんかん》、彼女《かのじょ》は右手《みぎて》を強《つよ》く握《にぎ》りしめ、ガッツポーズをした。

「やった、やった！」

スタンドではたくさんの日《ひ》の丸《まる》の小旗《こばた》が揺《ゆ》れていた。

２０１２年《ねん》、ロンドンオリンピックのレスリング女子《じょし》55キロ級《きゅう》。強敵《きょうてき》として知《し》られるトーニャ・バービーク（カナダ）との決勝戦《けっしょうせん》で勝《か》ったのは、日本《にほん》が誇《ほこ》る「世界最強女子《せかいさいきょうじょし》レスラー」、吉田沙保里《よしださおり》だった。

アテネ、北京《ペキン》に続《つづ》き、オリンピックでの３個目《こめ》の金《きん》メダル獲得《かくとく》だ。

人類最古《じんるいさいこ》のスポーツといわれるレスリングは、相手《あいて》を倒《たお》し、組《く》み伏《ふ》せた方《ほう》が勝《か》ちというシンプルなスポーツ。それだけに、人間本来《にんげんほんらい》の強《つよ》さが試《ため》される競技《きょうぎ》である。

感無量《かんむりょう》の表情《ひょうじょう》を浮《う》かべた沙保里《さおり》はすぐに、セコンド（コーチ席《せき》）に入《はい》っていた父親《ちちおや》の栄《えい》勝《かつ》さんのところへ駆《か》け寄《よ》った。

お父《とう》さんが日本代表《にほんだいひょう》コーチになったのは北京《ペキン》オリンピックの後《あと》だったので、沙保里《さおり》のセコンドに入《はい》ったのは、ロンドンオリンピックが初《はじ》めてだった。アテネと北京《ペキン》では、スタンドで応援《おうえん》していた。

大喜《おおよろこ》びのお父《とう》さんが沙保里《さおり》をかつぎ上《あ》げようとした。

でも沙保里《さおり》は、それを制《せい》してお父《とう》さんを肩車《かたぐるま》した。そして、大《おお》きな日《ひ》の丸《まる》の旗《はた》を高《たか》く掲《かか》げるお父《とう》さんを肩《かた》にのせ、マットを1周《しゅう》した。

沙保里《さおり》は、ロンドンで金《きん》メダルを取《と》ったらお父《とう》さんを肩車《かたぐるま》しようと考《かんが》えていたのだ。

「お父《とう》さん、ありがとう！」

心《こころ》の中《なか》に湧《わ》き上《あ》がる思《おも》いを言葉《ことば》で伝《つた》える代《か》わりに、お父《とう》さんを肩車《かたぐるま》できることがうれしかった。このお父《とう》さんがいたから、私《わたし》は金《きん》メダルを取《と》れたのだと、世界中《せかいじゅう》の人《ひと》たちに見《み》せたかった。肩車《かたぐるま》することで沙保里《さおり》は感謝《かんしゃ》の気持《きも》ちを伝《つた》えていた。

3歳《さい》のころからレスリングを教《おし》えてくれたお父《とう》さんとの日々《ひび》がなければ、「最強女王《さいきょうじょおう》・吉田沙保里《よしださおり》」は誕生《たんじょう》していなかった。

沙保里《さおり》は1982年《ねん》10月《がつ》5日《か》、三重県津市《みえけんつし》（旧一志郡一志町《きゅういちしぐんいちしちょう》）で生《う》まれた。父《ちち》の栄勝《えいかつ》さんはレスリングの元全日本《もとぜんにほん》チャンピオン。世界選手権《せかいせんしゅけん》4位《い》になったこともある名選手《めいせんしゅ》だった。母《はは》の幸代《ゆきよ》さんはテニスで全国大会《ぜんこくたいかい》に出場《しゅつじょう》したことのある選手《せんしゅ》だった。

沙保里《さおり》がレスリングを始《はじ》めたのは3歳《さい》のときだ。2人《ふたり》の兄《あに》が先《さき》にレスリングをしており、気《き》がついたら沙保里《さおり》も一緒《いっしょ》にマットで体《からだ》を動《うご》かしていた。

レスリング道場《どうじょう》は自宅《じたく》の中《なか》にあった。お父《とう》さんが和室《わしつ》にマットを敷《し》き、「一志《いちし》ジュニアレスリング教室《きょうしつ》」を開《ひら》いていたのだ。

「生《う》まれたときから家《いえ》にレスリングマットがあって、兄《あに》2人《ふたり》と私《わたし》の3人《にん》で一緒《いっしょ》にやっていました。自分《じぶん》では覚《おぼ》えていませんが、おむつをつけているときから母《はは》と一緒《いっしょ》に練習《れんしゅう》を見《み》ていたそうです。私《わたし》の家《いえ》では、レスリングが生活《せいかつ》の一部《いちぶ》でした」

最初《さいしょ》は、ただ体《からだ》を動《うご》かしているというだけだった沙保里《さおり》が、「レスリングという競技《きょうぎ》をやっているんだ」ということを意識《いしき》したのは、初《はじ》めてレスリングの大会《たいかい》に出《で》た5歳《さい》のときだった。初戦《しょせん》で沙保里《さおり》が1点差《てんさ》で負《ま》けた同《おな》い年《どし》の男《おとこ》の子《こ》が勝《か》ち続《つづ》けて優勝《ゆうしょう》、表彰式《ひょうしょうしき》で首《くび》にメダルをかけてもらっているのを見《み》て、うらやましくなった。

「私《わたし》もあのメダルが欲《ほ》しい」

沙《さ》保《お》里《り》が悔《く》しがって泣《な》いていると、お父《とう》さんはこう言《い》った。

「あのメダルはスーパーやコンビニには売《う》ってないんだ。頑張《がんば》って強《つよ》くなって、勝《か》った子《こ》だけがもらえるんだよ」

頑張《がんば》らないとメダルはもらえない。

それを知《し》ってからの沙《さ》保《お》里《り》は目《め》の色《いろ》が変《か》わった。

レスリングの試合《しあい》には勝者《しょうしゃ》と敗者《はいしゃ》がいることを知《し》り、勝《か》ちたいという気持《きも》ちで、それまで以上《いじょう》に練習《れんしゅう》を一生懸命《いっしょうけんめい》するようになった。沙《さ》保《お》里《り》はどんどん強《つよ》くなっていった。体《からだ》はガリガリで細《ほそ》かったが、男《おとこ》の子《こ》が相手《あいて》でもめったに負《ま》けることがないほど強《つよ》かった。

ところが、試合《しあい》に出《で》るたびにメダルをもらえるようになると、今度《こんど》は勝《か》つことが普通《ふつう》になり、記憶《きおく》に残《のこ》ることがなくなっていく。

「あれほどメダルが欲《ほ》しいと思《おも》っていたのに、いつの間《ま》にかメダルを取《と》っていたという感《かん》じになってからは、不思議《ふしぎ》なことに勝《か》った試合《しあい》のことは全然覚《ぜんぜんおぼ》えていないんです」

沙《さ》保《お》里《り》の胸《むね》の中《なか》には負《ま》けた試合《しあい》のことばかりが刻《きざ》み込《こ》まれていくようになった。なぜなら、勝利《しょうり》の喜《よろこ》び以上《いじょう》に、負《ま》けた悔《くや》しさがバネとなり、やる気《き》を起《お》こさせてくれたからだ。

小学《しょうがく》3年生《ねんせい》からは女子《じょし》の部《ぶ》に出《で》るようになったが、女子《じょし》の部《ぶ》は人数《にんずう》が少《すく》なかったため、男子《だんし》の部《ぶ》にも出場《しゅつじょう》していた。

それは中学《ちゅうがく》まで続《つづ》いた。男子《だんし》の部《ぶ》には沙保里《さおり》と同《おな》じくらいの強《つよ》さの選手《せんしゅ》もいて、大会《たいかい》では勝《か》ったり負《ま》けたりしていた。ただ、女子《じょし》の中《なか》ではどんどん強《つよ》くなっていった。


さっぱりした性格《せいかく》の沙保里《さおり》は、学校《がっこう》でも男《おとこ》の子《こ》とよく遊《あそ》んでいた。兄《あに》が2人《ふたり》いたので、小《ちい》さいころから男《おとこ》の子《こ》と一緒《いっしょ》に外遊《そとあそ》びをすることが好《す》きだったのだ。女《おんな》の子《こ》とおとなしく遊《あそ》ぶよりも男《おとこ》の子《こ》と張《は》り合《あ》う方《ほう》が楽《たの》しい。そんな子《こ》どもだった。

学校《がっこう》の通信簿《つうしんぼ》には、「明《あか》るくて、元気《げんき》で、みんなを引《ひ》っ張《ぱ》ってくれています」「もうちょっと先生《せんせい》の話《はなし》をしっかり聞《き》きましょう」などと書《か》かれていることが多《おお》かった。全校集会《ぜんこうしゅうかい》では、いつも誰《だれ》よりも大《おお》きな声《こえ》で校歌《こうか》を歌《うた》っていた。

思《おも》いやりもあった。ある日《ひ》、クラスの子《こ》がお漏《も》らしをしてしまった。そういうときに率《そっ》先《せん》してふき掃除《そうじ》をするのは沙保里《さおり》だった。乱暴《らんぼう》な男《おとこ》の子《こ》がいれば沙保里《さおり》がやっつけた。

運動神経《うんどうしんけい》が抜群《ばつぐん》で、明《あか》るく、気持《きも》ちも優《やさ》しい沙保里《さおり》は、学校《がっこう》の休《やす》み時間《じかん》はいつも人気者《にんきもの》だった。ドッジボールをやれば、男《おとこ》の子《こ》相手《あいて》には全力投球《ぜんりょくとうきゅう》でも、女《おんな》の子《こ》には手加減《てかげん》する。だから、女《おんな》の子《こ》からは「さおちゃん、こっちのチームに来《き》て〜」と頼《たよ》られる存在《そんざい》になる。

体育《たいいく》はずっと「5」。運動会《うんどうかい》も大好《だいす》きで、特《とく》にレスリングの動《うご》きを生《い》かすことのできる障害物競走《しょうがいぶつきょうそう》では断《だん》トツだった。

網《あみ》をくぐって地面《じめん》をはう動《うご》きは、レスリングで低《ひく》い体勢《たいせい》を取《と》って相手《あいて》に向《む》かっているときと似《に》ている。平均台《へいきんだい》の上《うえ》など高《たか》いところをバランスを取《と》りながら走《はし》るのは、レスリングで相手《あいて》に体勢《たいせい》を崩《くず》されかかったときにこらえることと共通《きょうつう》する部分《ぶぶん》がある。

走《はし》るのが速《はや》く、うんていや鉄棒《てつぼう》も得意《とくい》。うんていはいくらでもできたので、手《て》はいつもマメだらけになっていたし、手《て》にできたマメの皮《かわ》がむけてもぶら下《さ》がり続《つづ》けた。鉄棒《てつぼう》ではスカートをはいたまま何度《なんど》でもグルグル回《まわ》れた。

「えんぴつを持《も》つよりも、休《やす》み時間《じかん》になって外《そと》で遊《あそ》ぶのが大好《だいす》きな小学生《しょうがくせい》でした」

性格《せいかく》は無類《むるい》の負《ま》けず嫌《ぎら》いだった。勝負《しょうぶ》へのこだわりはすごかった。

中学校《ちゅうがっこう》の合唱《がっしょう》コンクールでも優勝《ゆうしょう》しなければ気《き》がすまないとばかりに、クラスのみんなに「休《やす》み時間《じかん》も頑張《がんば》って練習《れんしゅう》しよう！」と呼《よ》びかけて練習《れんしゅう》していた。

みんなをまとめるのは好《す》きだし、得意《とくい》でもあった。沙保里《さおり》はクラスの人気者《にんきもの》であり、いつも自然《しぜん》と周《まわ》りのみんなを引《ひ》っ張《ぱ》っていくリーダーのような存在《そんざい》だった。

しかし、放課後《ほうかご》は別《べつ》だった。学校《がっこう》が終《お》わると毎日《まいにち》すぐに家《いえ》へ帰《かえ》り、まずは習《なら》い事《ごと》に通《かよ》った。

「両親《りょうしん》がいろいろなことをさせてくれましたし、私自身《わたしじしん》がとても好奇心旺盛《こうきしんおうせい》で、多《おお》くのことに興味《きょうみ》を持《も》つ子《こ》どもでした。自分《じぶん》がやりたいと思《おも》ったことは大体《だいたい》なんでもすぐにできるようになるんです。これはできそうとか、できなさそうとか、自分《じぶん》でわかるんです」

そう話《はな》すように、沙保里《さおり》は5歳《さい》から水泳《すいえい》を始《はじ》め、クロール、背泳《せおよ》ぎ、平泳《ひらおよ》ぎ、バタフライの「4泳法《えいほう》」をすべてマスターし、中《ちゅう》1まで続《つづ》けた。

習字《しゅうじ》も長《なが》く続《つづ》けた。母《はは》の幸代《ゆきよ》さんに「きれいな字《じ》を書《か》けた方《ほう》がいいから」とすすめられ、5歳《さい》から中《ちゅう》3まで習《なら》っていた。

長続《ながつづ》きはしなかったが、そろばんと公文式教室《くもんしききょうしつ》にも行《い》っていた。

そして、夜《よる》7時《じ》からはレスリング教室《きょうしつ》があった。

そもそもスイミングスクールに通《かよ》ったのは、お父《とう》さんが「水泳《すいえい》をやると肺活量《はいかつりょう》が増《ふ》え、レスリングのためになる」と考《かんが》えたからだ。お兄《にい》さんたちも小《ちい》さいときから通《かよ》っていた。しかし、ピアノは習《なら》わせてもらえなかった。「ピアノを弾《ひ》けてもレスリングは強《つよ》くならん」とお父《とう》さんが考《かんが》えていたからだ。

沙保里《さおり》にはピアノを習《なら》っている幼《おさな》なじみの友《とも》だちがいた。その子《こ》の家《いえ》に遊《あそ》びに行《い》くと、ピアノをスラスラ弾《ひ》いてくれた。その姿《すがた》は格好《かっこう》よく見《み》えた。習《なら》わせてもらうことはできないけど、自分《じぶん》もやってみたい。そう思《おも》って友《とも》だちに「エリーゼのために」を教《おそ》わると、沙保里《さおり》もすぐに弾《ひ》くことができた。ますます習《なら》いたくなった。

体《からだ》を動《うご》かす水泳《すいえい》、練習《れんしゅう》するとどんどん級《きゅう》が上《あ》がっていく楽《たの》しみもある書道《しょどう》。この2つは好《す》きだったから長《なが》く続《つづ》けていた。

ところが高学年《こうがくねん》になって塾《じゅく》にも通《かよ》うようになると、それまでよりもさらに友《とも》だちと遊《あそ》ぶ時間《じかん》が少《すく》なくなってしまうのが悩《なや》みになった。塾《じゅく》が終《お》わると、その後《あと》は遊《あそ》びの時間《じかん》になるという子《こ》が多《おお》い。けれども、沙保里《さおり》は「5時《じ》までに家《いえ》へ帰《かえ》るように」と言《い》われており、遊《あそ》べる時間《じかん》がほとんどなかった。

「レスリングやめたいな」

お母《かあ》さんに弱音《よわね》を吐《は》いたことは何度《なんど》もある。けれども、いつもそこで止《と》まっていた。

「やめたいの？　じゃあ、お父《とう》さんに言《い》いなさい」

そう返《かえ》されると何《なに》も言《い》えなかった。

一言《ひとこと》でもやめたいといえば、お父《とう》さんに怒《おこ》られそうだった。だから「やめたい」と言《い》える雰囲気《ふんいき》がなかったのだ。

沙保里《さおり》はどんなときでも、夜《よる》7時《じ》になると自分《じぶん》でスイッチを入《い》れてレスリングマットに上《あ》がった。やめる勇気《ゆうき》はなかった。

「小学生《しょうがくせい》のときは将来《しょうらい》の夢《ゆめ》というものがなく、自分《じぶん》からやるのではなくレスリングをやらされているという感覚《かんかく》でした。だからやめたいと思《おも》うこともあったのだと思《おも》います」

夢《ゆめ》がなかったというのはどういうことか。

実《じつ》は、沙保里《さおり》が小学生《しょうがくせい》のころ、女子《じょし》レスリングはまだオリンピック種目《しゅもく》ではなく、オリンピックに出《で》るという夢《ゆめ》を持《も》つことができなかった。

小学《しょうがく》6年生《ねんせい》の卒業文集《そつぎょうぶんしゅう》に書《か》いた将来《しょうらい》の夢《ゆめ》は「スーパーのレジ打《う》ちさんになること」だった。買《か》い物《もの》に行《い》くと、レジ打《う》ちする人《ひと》のスピーディーな動《うご》きが格好《かっこう》よかったからだ。

12歳《さい》の沙保里《さおり》は、身近《みぢか》な人々《ひとびと》の姿《すがた》にあこがれた。遠《とお》くにある夢《ゆめ》はまだ見《み》えなかった。

しかし、運命《うんめい》のときが訪《おとず》れる。沙保里《さおり》が中《ちゅう》2のときに開催《かいさい》された1996年《ねん》アトランタオリンピックだ。

テレビで女子柔道《じょしじゅうどう》を見《み》ていると、身長《しんちょう》146センチと小柄《こがら》な田村亮子選手《たむらりょうこせんしゅ》（その後《ご》、結《けっ》婚《こん》し現在《げんざい》は谷亮子《たにりょうこ》さん）が女子《じょし》48キロ級《きゅう》で決勝《けっしょう》まで進《すす》み、銀《ぎん》メダルに輝《かがや》いた。高校生《こうこうせい》のころから注目《ちゅうもく》されていた田村選手《たむらせんしゅ》が日本中《にほんじゅう》の期待《きたい》を受《う》け、大活躍《だいかつやく》する姿《すがた》を見《み》て、沙保里《さおり》には「自分《じぶん》もオリンピックに行《い》きたい」という夢《ゆめ》ができた。

そのころはちょうど、女子柔道《じょしじゅうどう》に続《つづ》いて女子《じょし》レスリングも近《ちか》い将来《しょうらい》にオリンピック種目《しゅもく》になるだろうという気運《きうん》が高《たか》まっていた時期《じき》だった。

「夢《ゆめ》を持《も》ってから私《わたし》は変《か》わりました。小学生《しょうがくせい》のころは何度《なんど》もやめたいと思《おも》ったのに、レスリングを頑張《がんば》ろうという気持《きも》ちになったのです。やらされているという感覚《かんかく》から、やらないといけないという気持《きも》ちに変《か》わっていきました」

お父《とう》さんの厳《きび》しさとお母《かあ》さんの優《やさ》しさと

友《とも》だちと遊《あそ》ぶ時間《じかん》を取《と》れないことや、汗《あせ》だくになって毎日練習《まいにちれんしゅう》をすることなど、思《おも》えばつらいことの多《おお》いレスリングだったが、楽《たの》しいこともたくさんあった。

一番楽《いちばんたの》しかったのは全国《ぜんこく》に友《とも》だちができたことだ。試合《しあい》に行《い》けば、普段《ふだん》は会《あ》えない友《とも》だちに会《あ》うことができる。

車《くるま》に乗《の》って家族《かぞく》やレスリング教室《きょうしつ》の他《ほか》の選手《せんしゅ》と一緒《いっしょ》に大会《たいかい》に行《い》くのも好《す》きだった。毎日《まいにち》レスリングをやっていた沙保里《さおり》の家《いえ》では、家族旅行《かぞくりょこう》に行《い》く時間《じかん》がなく、大会《たいかい》に行《い》くのが家族旅行《かぞくりょこう》だった。

お父《とう》さんが運転《うんてん》する横《よこ》でお母《かあ》さんが地図《ちず》を広《ひろ》げて道《みち》を調《しら》べる。今《いま》と違《ちが》ってカーナビが普及《ふきゅう》していなかった時代《じだい》。たまには道《みち》に迷《まよ》ってしまうこともあったが、車《くるま》を止《と》めて地元《じもと》の人《ひと》に道《みち》を聞《き》くと、いつも親切《しんせつ》に教《おし》えてくれた。遠《とお》くへ行《い》くときは高速道路《こうそくどうろ》のサービスエリアに寄《よ》り、ご飯《はん》を食《た》べるのも楽《たの》しかった。

お父《とう》さんが青森出身《あおもりしゅっしん》だったため、青森《あおもり》の大会《たいかい》にも出《で》かけた。三重県《みえけん》から青森県《あおもりけん》まで一日《いちにち》ではたどり着《つ》けないような長旅《ながたび》になる。レスリング教室《きょうしつ》のみんなで何台《なんだい》かの車《くるま》で連《つ》れ立《だ》って移動《いどう》する時間《じかん》は、ワクワクする旅《たび》のような時間《じかん》だった。

大会《たいかい》で活躍《かつやく》すると、帰《かえ》ってきた後《あと》に学校《がっこう》で表彰《ひょうしょう》してもらう喜《よろこ》びもあった。大会《たいかい》でもらったメダルを学校《がっこう》に持《も》っていき、成績《せいせき》を報告《ほうこく》すると、全校集会《ぜんこうしゅうかい》で校長先生《こうちょうせんせい》が「吉田《よしだ》さんが優勝《ゆうしょう》しました。みんなで拍手《はくしゅ》しましょう」と言《い》い、みんなの前《まえ》で表彰《ひょうしょう》される。するとたちが「さおちゃん、すごいね」と言《い》ってくれる。

「レスリングをやっていてよかったな」

このときばかりは沙保里《さおり》は素直《すなお》にそう思《おも》った。

家《いえ》では厳《きび》しくしつけられた。

「あいさつは、相手《あいて》の目《め》を見《み》てしっかりとしなさい。自分《じぶん》が『おはよう』と言《い》っても、相《あい》手《て》に届《とど》いていなかったら、それはあいさつしたことにはならないんだ」

「よそのおうちに行《い》ってご飯《はん》をいただいたら、お茶碗《ちゃわん》はしっかり自分《じぶん》で片付《かたづ》けなさい」

「人《ひと》には絶対《ぜったい》に迷惑《めいわく》をかけてはいけない」

お父《とう》さんから教《おし》えられたことはたくさんあった。

「父《ちち》はとにかく怖《こわ》かったんです。家《いえ》では父《ちち》が言《い》うことは絶対《ぜったい》でした。だから、父《ちち》にはレスリングをやめたいとはとても言《い》えませんでした」

ときには厳《きび》しいお父《とう》さんに叱《しか》られてションボリすることもあった沙保里《さおり》だが、そんなときに元気《げんき》づけてくれたのはお母《かあ》さんだった。

小学生《しょうがくせい》の沙保里《さおり》にとって、お父《とう》さんとお母《かあ》さんは「悪魔《あくま》と天使《てんし》」のような違《ちが》いがあった。

お母《かあ》さんは泣《な》いている沙保里《さおり》を見《み》つけると、いつも体《からだ》をぎゅーっと抱《だ》きしめてくれた。すると、沙保里《さおり》の涙《なみだ》はいつもすぐに乾《かわ》いた。

吉田家《よしだけ》では子育《こそだ》てに関《かん》して両親《りょうしん》がきっちりと役割分担《やくわりぶんたん》をしていた。お父《とう》さんは怖《こわ》い。けれども、どんなにお父《とう》さんが厳《きび》しくしても、お母《かあ》さんはそんなお父《とう》さんをしっかり立《た》てていた。

「お父《とう》さんはあなたのために言《い》っているんやで」

そう諭《さと》されることもあった。そのころは母《はは》の言葉《ことば》の意味《いみ》がわからなかったが、ただ抱《だ》きしめてくれるだけで気持《きも》ちが穏《おだ》やかになっていった。

沙保里《さおり》は「自分《じぶん》もいつかこういうお母《かあ》さんになりたい」と思《おも》うようになった。

「怖《こわ》いだんなさんはイヤですね。やはり、優《やさ》しいだんなさんがいいです。自分《じぶん》はお母《かあ》さんのように、だんなさんを大事《だいじ》に立《た》てる奥《おく》さんになりたいです」

小学《しょうがく》5、6年生《ねんせい》になると、女《おんな》の子同士《こどうし》で好《す》きな男《おとこ》の子《こ》のことを話《はな》すことが多《おお》くなった。

「あの子《こ》、格好《かっこう》いいよね」「あの子《こ》とあの子《こ》は両思《りょうおも》いなんだよ」

男《おとこ》の子《こ》とも仲《なか》のよい沙保里《さおり》の性格《せいかく》を見込《みこ》んで、「さおちゃん、ちょっと言《い》ってよ」と相談《そうだん》を受《う》けることもあった。じきに、沙保里《さおり》にも好《す》きな子《こ》ができた。近所《きんじょ》に住《す》んでいた幼《おさな》じみの男《おとこ》の子《こ》が初恋《はつこい》のお相手《あいて》だった。

元気《げんき》で明《あか》るい沙保里《さおり》は、その子《こ》の誕生日会《たんじょうびかい》に呼《よ》ばれていないのに、プレゼントを持《も》って「来《き》ちゃった!」と姿《すがた》を現《あらわ》して驚《おどろ》かせたことがある。

とはいっても、できるのはそれが精《せい》いっぱい。自分《じぶん》の気持《きも》ちを言葉《ことば》にして「好《す》きです」ということはどうしてもできなかった。

大《おお》きな出来事《できごと》といえば、バレンタインデーにチョコレートを渡《わた》し、ホワイトデーにお返《かえ》しをもらったくらい。告白《こくはく》をしないまま、相手《あいて》の気持《きも》ちを聞《き》くこともないまま、初恋《はつこい》は淡《あわ》い色《いろ》のままに終《お》わってしまった。

「タックルを制《せい》する者《もの》は世界《せかい》を制《せい》する」

お父《とう》さんに怒《おこ》られるのが怖《こわ》くて続《つづ》けていたレスリングだったが、練習《れんしゅう》に関《かん》しては、言《い》われたことはほとんどすぐにできていたので、道場《どうじょう》で怒《おこ》られることはあまりなかった。

レスリングの練習《れんしゅう》は毎日午後《まいにちご》7時《じ》から。お父《とう》さんが勤務先《きんむさき》から帰宅《きたく》するのが午後《ごご》6時過《じす》ぎなので、家族《かぞく》5人《にん》がそろったところで夕食《ゆうしょく》を食《た》べ、その後《あと》に練習《れんしゅう》が始《はじ》まる。

レスリング教室《きょうしつ》でお父《とう》さんが特《とく》に力《ちから》を入《い》れて教《おし》えていたのは「タックル」だった。

選手《せんしゅ》が互《たが》いに向《む》き合《あ》って構《かま》えた状態《じょうたい》から、相手《あいて》の足《あし》を目《め》がけて上半身《じょうはんしん》から飛《と》び込《こ》んでいき、足《あし》をつかむ。タックルで相手《あいて》の体勢《たいせい》を崩《くず》してから次《つぎ》の技《わざ》をしかけて点数《てんすう》を稼《かせ》いでいくのが、レスリングの戦《たたか》い方《かた》の1つだ。

お父《とう》さんのレスリング教室《きょうしつ》では、練習時間《れんしゅうじかん》が2時間《じかん》なら、1時間半《じかんはん》ぐらいはタックルの練習《れんしゅう》だった。沙保里《さおり》だけではない。全員《ぜんいん》が同《おな》じメニューをやっていた。

お父《とう》さんは沙保里《さおり》や兄《あに》たちを特別扱《とくべつあつか》いすることはいっさいなかった。どの子《こ》も平等《びょうどう》に指《し》導《どう》した。それが「一志《いちし》ジュニアレスリング教室《きょうしつ》」のモットーだった。

お父《とう》さんはなぜタックルの指導《しどう》にこれほどまで力《ちから》を入《い》れていたのか。

それは、自分自身《じぶんじしん》が選手《せんしゅ》だったころの苦《にが》い思《おも》い出《で》があったからだった。

レスリングの選手《せんしゅ》として全日本選手権《ぜんにほんせんしゅけん》で優勝《ゆうしょう》した経験《けいけん》もあるお父《とう》さんのスタイルは、相《あい》手《て》がタックルに出《で》てきたところを利用《りよう》して、返《かえ》し技《わざ》を決《き》めるというものだった。そのやり方《かた》で日本一《にほんいち》にはなった。けれども、大事《だいじ》なオリンピック選考会《せんこうかい》で負《ま》けた。相手《あいて》にタックルに入《はい》られた後《あと》、得意《とくい》の返《かえ》し技《わざ》を出《だ》すことができずにポイントを失《うしな》ったのである。守《まも》ってばかりで相手《あいて》が出《で》てくるのを待《ま》つスタイルには、限界《げんかい》がある。

そう気《き》づいたお父《とう》さんは「レスリングでは、攻《せ》めた者《もの》が勝《か》つ。攻《せ》めた者《もの》が世界《せかい》を制《せい》する」という信念《しんねん》を持《も》ち、そこを教《おし》え込《こ》むことに力《ちから》を注《そそ》いだ。

合言葉《あいことば》は「タックルを制《せい》する者《もの》は世界《せかい》を制《せい》する」だった。

違《ちが》う言葉《ことば》であらわすなら、それは「自分《じぶん》から攻《せ》めていこうとする気持《きも》ちがなければ、世《せ》界《かい》で勝《か》つことはできない」ということでもある。

子《こ》どもの頃《ころ》からひたすらタックルを磨《みが》いてきた沙保里《さおり》は、そのタックルを武器《ぶき》に世界《せかい》を制《せい》した。お父《とう》さんからさずかったタックルの技術《ぎじゅつ》と、前《まえ》へ前《まえ》へと攻《せ》め抜《ぬ》く精神《せいしん》が、沙保里《さおり》を世界《せかい》の頂点《ちょうてん》へ押《お》し上《あ》げた。

お父《とう》さんの教《おし》えなくしては今《いま》の沙保里《さおり》はない、というのはそういうことである。

「タックルにほとんどの時間《じかん》を割《さ》くという練習《れんしゅう》は、本当《ほんとう》にありがたかったです。父《ちち》は自分《じぶん》自身《じしん》がタックルで失敗《しっぱい》した。だから、タックルに関《かん》しては苦手《にがて》にならないようにという考《かんが》えだったのだと思《おも》います」

高校生《こうこうせい》になると、沙保里《さおり》はめきめき力《ちから》を伸《の》ばしていった。実力《じつりょく》は世界《せかい》のトップクラスだった。１９９８年《ねん》、１９９９年《ねん》の世界《せかい》カデット選手権《せんしゅけん》（15、16歳《さい》）を連覇《れんぱ》。２０００年《ねん》、２００１年《ねん》の世界《せかい》ジュニア選手権《せんしゅけん》（17、18歳《さい》）でも連覇《れんぱ》を達成《たっせい》した。年齢別《ねんれいべつ》の世界大会《せかいたいかい》で無敵《むてき》となっていた沙保里《さおり》のところにうれしい報《しら》せが届《とど》いたのは２００１年《ねん》９月《がつ》だった。国際《こくさい》オリンピック委員会《いいんかい》（ＩＯＣ《アイオーシー》）が、２００４年《ねん》アテネオリンピックから女子《じょし》レスリングを正式種目《せいしきしゅもく》として採用《さいよう》することを決定《けってい》したのだ。

夢《ゆめ》にまで見《み》たオリンピックの舞台《ぶたい》が、自分《じぶん》の頑張《がんば》り次第《しだい》で手《て》に届《とど》くようになった。沙保《さお》里《り》はそれまで以上《いじょう》にレスリングの練習《れんしゅう》に励《はげ》んだ。

オリンピックに出場《しゅつじょう》する権利《けんり》をつかむためには、年上《としうえ》の選手《せんしゅ》に勝《か》って、日本《にほん》で一番《いちばん》にならなくてはいけない。

ここで沙保里《さおり》の前《まえ》に立《た》ちはだかったのが、同《おな》じ階級《かいきゅう》の山本聖子《やまもとせいこ》選手《せんしゅ》だった。山本《やまもと》選手《せんしゅ》は沙保里《さおり》より2歳年上《さいとしうえ》。そのときすでに世界《せかい》選手権《せんしゅけん》で3連覇《れんぱ》を達成《たっせい》しており、トップレスラーとして君臨《くんりん》していた。

「聖子《せいこ》さんは雲《くも》の上《うえ》の存在《そんざい》。聖子《せいこ》さんと戦《たたか》うとなると、試合《しあい》の前《まえ》にもう負《ま》けると思《おも》ってしまうくらいでした」

しかし、そのころ大学《だいがく》1年生《ねんせい》になっていた沙保里《さおり》は、技《わざ》を磨《みが》いていただけではなく、だんだんと精神面《せいしんめん》も強《つよ》くなってきていた。

2001年《ねん》の全日本女子《ぜんにほんじょし》選手権《せんしゅけん》、山本《やまもと》選手《せんしゅ》との対戦《たいせん》。最初《さいしょ》は沙保里《さおり》がリードを奪《うば》ったが逆転負《ぎゃくてんま》け。しかしもう少《すこ》し頑張《がんば》れば勝《か》てるかも……という手応《てごた》えをつかんでいた。

山本選手《やまもとせんしゅ》を倒《たお》せば、アテネオリンピックに行《い》ける。世界《せかい》の頂点《ちょうてん》に立《た》つこともできるだろう。その思《おも》いは日《ひ》に日《ひ》に強《つよ》くなり、練習《れんしゅう》にもさらに身《み》が入《はい》るようになっていった。

こうして迎《むか》えたアテネオリンピックの日本代表選考《にほんだいひょうせんこう》。2003年《ねん》から2004年《ねん》にかけての国内《こくない》の大会《たいかい》で、沙保里《さおり》は山本選手《やまもとせんしゅ》と2回戦《かいたたか》い、2回《かい》とも勝《か》った。そして、アテネオリンピックの代表《だいひょう》に選《えら》ばれた。

「これまでありがとう。私《わたし》の分《ぶん》まで金《きん》メダルを取《と》ってきてね」

あこがれであり、目標《もくひょう》だった山本選手《やまもとせんしゅ》にそう言《い》われた沙保里《さおり》は、さらにガムシャラに練習《れんしゅう》を続《つづ》け、見事《みごと》アテネオリンピックで金《きん》メダルに輝《かがや》いた。

当時《とうじ》、21歳《さい》。若《わか》き女王《じょおう》の誕生《たんじょう》だった。

勝《か》っているうちはやめられない

それからの沙保里《さおり》の成長《せいちょう》は素晴《すば》らしかった。一度世界《いちどせかい》の頂点《ちょうてん》に立《た》った選手《せんしゅ》は、大《おお》きな達《たっ》成感《せいかん》に包《つつ》まれ、燃《も》え尽《つ》きてしまうことも少《すく》なくない。特《とく》にオリンピックは、金《きん》メダルをつかみ取《と》るまでにものすごい努力《どりょく》を重《かさ》ねなければいけない大舞台《おおぶたい》だから、なおさらだ。

けれども沙保里《さおり》は違《ちが》った。

勝《か》つ楽《たの》しさ、周囲《しゅうい》の人々《ひとびと》と分《わ》かち合《あ》う喜《よろこ》びの大《おお》きさが想像以上《そうぞういじょう》だったのだ。だから、一《いち》度《ど》味《あじ》わってみると、それを何度《なんど》でも味《あじ》わいたいと思《おも》った。そして、もっと強《つよ》くなりたい、もっと成長《せいちょう》したいという思《おも》いをふくらませた。

２００８年《ねん》の北京《ペキン》オリンピックでも金《きん》メダルを獲得《かくとく》した。そして、２０１２年《ねん》のロンドンオリンピックでも金《きん》メダルを手《て》にする。

４年《ねん》に１度《ど》のオリンピックで３大会連続優勝《たいかいれんぞくゆうしょう》を果《は》たすのは大変《たいへん》なことだ。

それだけではない。世界選手権《せかいせんしゅけん》では２００２年《ねん》からずっと負《ま》けなしだ。オリンピックと世界選手権《せかいせんしゅけん》を合《あ》わせると、２００２年《ねん》から２０１５年《ねん》まで14年間《ねんかん》ずっと優勝《ゆうしょう》し続《つづ》けている。

日本国内《にほんこくない》の大会《たいかい》や他《ほか》の国際試合《こくさいじあい》を含《ふく》めても、団体戦《だんたいせん》で２回《かい》だけ負《ま》けたことがあるが、個《こ》人戦《じんせん》では14年間《ねんかん》ずっと勝《か》ち続《つづ》けている。

最大《さいだい》の武器《ぶき》はお父《とう》さんに鍛《きた》えられて身《み》につけた高速《こうそく》タックルだ。

沙保里《さおり》は目《め》にも止《と》まらないスピードで相手《あいて》の足《あし》に襲《おそ》いかかる。

普通《ふつう》の選手《せんしゅ》はいったん後《うし》ろに下《さ》がって反動《はんどう》をつけてから前《まえ》に行《い》くのだが、沙保里《さおり》は違《ちが》う。構《かま》えた姿勢《しせい》からそのまま前《まえ》へ出《で》る。

スピードだけではない。タイミングもよい。相手《あいて》の一瞬《いっしゅん》の隙《すき》を察知《さっち》してタックルに行《い》く。

もちろん、相手《あいて》も沙保里《さおり》を倒《たお》すためにはどうしたらよいかと必死《ひっし》に研究《けんきゅう》してくる。だから、沙保里《さおり》はさらにその裏《うら》をかく新《あら》たな対応策《たいおうさく》を見《み》つけていく。

相手《あいて》に負《ま》けたくない。だから負《ま》けないようにするためには何《なに》が必要《ひつよう》かを考《かんが》える。

ロンドンオリンピックが近《ちか》づいたころは世界中《せかいじゅう》のライバルから武器《ぶき》であるタックルを研《けん》究《きゅう》され、得意技《とくいわざ》をうまく出《だ》せなくなりそうなときもあった。

けれどもオリンピック本番《ほんばん》では弱気《よわき》の虫《むし》を封印《ふういん》して試合《しあい》に臨《のぞ》んだ。

北京《ペキン》オリンピックで2度目《どめ》の金《きん》メダルを取《と》った後《あと》、それまでとは違《ちが》う戦《たたか》い方《かた》を身《み》につけていこうと努力《どりょく》してきた自分《じぶん》を信《しん》じて、絶対《ぜったい》に勝《か》つという強《つよ》い気持《きも》ちでマットに向《む》かった。

「ここが最高《さいこう》の舞台《ぶたい》。ここで勝《か》たないと意味《いみ》がない。試合《しあい》の時間《じかん》が近《ちか》づくにつれて、やるしかない、勝《か》つしかない、と無心《むしん》になって戦《たたか》いました」

沙保里《さおり》は試合《しあい》の直前《ちょくぜん》はまったくしゃべらない。普段《ふだん》はにぎやかでおしゃべり好《ず》きだが、試合前日《しあいぜんじつ》の計量《けいりょう》が終《お》わってからはスッと別人《べつじん》になったように無口《むくち》になる。話《はな》しかけられないほどのオーラが出《で》ている。それくらい集中《しゅうちゅう》して試合《しあい》に臨《のぞ》んでいるのだ。

あまりにも強《つよ》い沙保里《さおり》には今《いま》、「霊長類最強《れいちょうるいさいきょう》の女子《じょし》レスラー」という異名《いみょう》がつけられている。男子《だんし》で史上最強《しじょうさいきょう》と呼《よ》ばれてきたロシアのアレクサンドル・カレリンと並《なら》ぶ称号《しょうごう》だ。

なぜ沙保里《さおり》はこんなに長《なが》い間《あいだ》、厳《きび》しいレスリングを続《つづ》けてこられたのだろう。

その理由《りゆう》は、「勝《か》ち続《つづ》けているうちはやめられません」という彼女《かのじょ》の言葉《ことば》にある。

「自分《じぶん》がダメだと思《おも》ったらダメだし、できないと思《おも》ったらできないと思《おも》います。これからも体《からだ》が動《うご》く限《かぎ》り、気持《きも》ちを切《き》らさない限《かぎ》りは、できると思《おも》っています。それに、勝《か》っているうちは、やっぱりやめづらいですし、やめたらもったいないという気持《きも》ちもあります」

アテネオリンピックからの12年間《ねんかん》で、沙保里《さおり》は2度《ど》だけ、負《ま》けたことがある。これは沙保里《さおり》にとって、とても悔《くや》しくショッキングな出来事《できごと》だった。

勝《か》っているときは「勝《か》って当《あ》たり前《まえ》」という気持《きも》ちになっていても、いざ負《ま》けたことで、勝《か》つことの難《むずか》しさ、勝《か》ち続《つづ》けることの価値《かち》が身《み》に染《し》みてわかった。「勝《か》っているうちはやめられない」という思《おも》いは、自分自身《じぶんじしん》が積《つ》み上《あ》げてきたものを誇《ほこ》りに思《おも》うことでもある。

沙保里《さおり》にレスリングをやめた後《あと》のことを聞《き》いてみると、まだ想像《そうぞう》がつかないという答《こた》えが返《かえ》ってくる。

レスリングの指導者《しどうしゃ》。テレビなどに出《で》て自分《じぶん》を表現《ひょうげん》する仕事《しごと》。子《こ》どもが大好《だいす》きなので保育士《ほいくし》。もちろん、結婚《けっこん》や出産《しゅっさん》もしたい。

未来《みらい》の自分《じぶん》を語《かた》る姿《すがた》には、好奇心《こうきしん》に満《み》ちあふれていた子《こ》どものころと同《おな》じ気持《きも》ちが流《なが》れている。沙保里《さおり》を突《つ》き動《うご》かしているのは、今《いま》を一生懸命《いっしょうけんめい》に生《い》きる楽《たの》しさなのだ。

「人生《じんせい》は一度《いちど》きりです。だから、1日《にち》1日《にち》を楽《たの》しく、悔《く》いのないように、やりたいことをしっかり見《み》つけて取《と》り組《く》んでいくことが大切《たいせつ》です。それと、外《そと》で遊《あそ》ぶこと、体《からだ》を動《うご》かすことは大事《だいじ》だと思《おも》います。

私《わたし》もゲームが大好《だいす》きで、子《こ》どものころは『スーパーマリオブラザーズ』『ストリートファイター』『ぷよぷよ』『テトリス』などに夢中《むちゅう》でした。ゲームは得意《とくい》でしたよ。

でも、ゲームもいいけれど、それだけでは人生《じんせい》つまらない。ゲームをしたら次《つぎ》に勉強《べんきょう》も頑張《がんば》るとか、学校《がっこう》で友《とも》だちをたくさん作《つく》るとか、なんでもいいから、いろいろなことにチャレンジしてほしい。そうすることで、もっと充実《じゅうじつ》してくるはずですし、新《あたら》しい自分《じぶん》を発見《はっけん》することもあると思《おも》います」

ロンドンオリンピックで3個目《こめ》の金《きん》メダルを獲得《かくとく》してから1年半《ねんはん》が過《す》ぎた2014年《ねん》3月《がつ》11日《にち》、沙保里《さおり》を突然《とつぜん》の悲《かな》しみが襲《おそ》った。お父《とう》さんが病気《びょうき》で亡《な》くなったのだ。沙保里《さおり》は悲《かな》しみに暮《く》れた。しかし、次《つぎ》の試合《しあい》がすぐそこに迫《せま》っていた。

こうして迎《むか》えた3月《がつ》15日《にち》。沙保里《さおり》はお父《とう》さんの死《し》からわずか4日後《かご》に行《おこな》われた国別対抗《くにべつたいこう》戦《せん》の女子《じょし》ワールドカップに出場《しゅつじょう》する。

お父《とう》さんが亡《な》くなってからの数日間《すうじつかん》は食事《しょくじ》ものどを通《とお》らず、体調《たいちょう》は最悪《さいあく》だった。けれども、沙保里《さおり》の戦《たたか》いぶりは見事《みごと》だった。調子《ちょうし》の悪《わる》さを気持《きも》ちでカバーして戦《たたか》っていた。沙保里《さおり》は見事《みごと》に勝利《しょうり》を飾《かざ》り、日本《にほん》は優勝《ゆうしょう》を果《は》たした。沙保里《さおり》はお父《とう》さんの遺影《いえい》を持《も》って胴上《どうあ》げされ、宙《ちゅう》を舞《ま》いながら天国《てんごく》にこう報告《ほうこく》した。

「やったよ！　日本《にほん》は優勝《ゆうしょう》したよ！　お父《とう》さん、ありがとう」

沙保里《さおり》は自身《じしん》にとって4度目《どめ》のオリンピックとなるリオデジャネイロでの戦《たたか》いに向《む》けて

「父《ちち》と一緒《いっしょ》に戦《たたか》うつもりで臨《のぞ》みたい」と話《はな》している。

そして沙保里《さおり》が今考《いまかんが》えているのは、「記録《きろく》にも記憶《きおく》にも残《のこ》る選手《せんしゅ》になりたい」ということ。記録《きろく》をつくるのは大変《たいへん》だ。記憶《きおく》に残《のこ》るのも大変《たいへん》だ。だからこそ沙保里《さおり》はその両方《りょうほう》を実《じつ》現《げん》していきたいと考《かんが》えている。

「100年《ねん》、1000年《ねん》、いや1500年先《ねんさき》の人々《ひとびと》の記憶《きおく》に残《のこ》りたい」

12歳《さい》のころはレスリングに対《たい》して夢《ゆめ》を抱《いだ》いていなかった。レスリング以外《いがい》のこともやりたいと思《おも》い、やめたいとも思《おも》ったが、言《い》い出《だ》せなかった。

けれども続《つづ》けていくうちに、レスリングで勝《か》つこと、オリンピックで金《きん》メダルを取《と》ることが夢《ゆめ》になった。

そして、その夢《ゆめ》を実現《じつげん》した今《いま》、新《あら》たに湧《わ》き上《あ》がった「記憶《きおく》に残《のこ》りたい」という夢《ゆめ》を叶《かな》えてくれるのも、レスリングである。

壮大《そうだい》な夢《ゆめ》に向《む》けた、前人未踏《ぜんじんみとう》の果《は》てなき道《みち》が続《つづ》いている。

【吉田沙保里　リオ五輪へのあゆみ】

1982年10月5日生まれ。
世界カデット選手権　優勝2回(1998年、1999年)
世界ジュニア選手権　優勝2回(2000年、2001年)
全日本選手権　優勝13回
(2002年〜2011年、2013年〜2015年)
世界学生選手権　優勝(2002年)
ジャパンクイーンズカップ　優勝6回
(2002年、2003年、2004年、2005年、2006年、2007年)
世界選手権　優勝13回
(2002年、2003年、2005年〜2015年、2004年未開催　13連覇)
ワールドカップ　優勝6回(2003〜2006年、2012年、2014年)
アテネ五輪　優勝(2004年)
ユニバーシアード　優勝(2005年)
北京五輪　優勝(2008年)
全日本女子選手権　優勝2回(2008年、2009年)
全日本選抜選手権　優勝5回(2010年〜2015年)
ロンドン五輪　優勝(2012年)
紫綬褒章を2度受賞(2008年、2012年)
国民栄誉賞受賞(2012年)

藤岡雅樹／小学館

3度目《どめ》のオリンピックで 完全燃焼《かんぜんねんしょう》したい

入江陵介《いりえ・りょうすけ》

RYOSUKE IRIE

1990年《ねん》1月《がつ》24日《か》、大阪府《おおさかふ》生《う》まれ。みずがめ座《ざ》。12歳《さい》から背《せ》泳《およ》ぎに専念《せんねん》すると、日本中学記録《にほんちゅうがくきろく》、高校記録《こうこうきろく》を次々《つぎつぎ》にマーク。18歳《さい》で出場《しゅつじょう》した北京五輪《ぺきんごりん》から3大会連続《たいかいれんぞく》の五輪出場《ごりんしゅつじょう》。イトマン東進所属《とうしんしょぞく》。

【オリンピック　競泳男子】

背《せ》泳《およ》ぎ、平《ひら》泳《およ》ぎ、バタフライ、自由形《じゆうがた》の4泳法《えいほう》で100メートル、200メートルを競《きそ》う。自由形《じゆうがた》には50メートル、400メートル、1500メートルもある。4泳法《えいほう》をひとりで泳《およ》ぐ個人《こじん》メドレーは200メートルと400メートル。4人《にん》の選手《せんしゅ》が泳《およ》ぐリレーは自由形《じゆうがた》（4×100メートル、4×200メートル）、メドレー（4×100メートル）。

大切《たいせつ》なのはどうやって夢《ゆめ》に向《む》かうか

２０１６年《ねん》4月《がつ》9日《か》。東京辰巳国際水泳場《とうきょうたつみこくさいすいえいじょう》では、リオデジャネイロオリンピックの日本《にほん》代表《だいひょう》を決《き》める競泳日本選手権《きょうえいにほんせんしゅけん》の男子《だんし》２００メートル背泳《せおよ》ぎが行《おこな》われていた。

誰《だれ》もが「絶対《ぜったい》にオリンピックに行《い》く！」という闘志《とうし》を燃《も》やしながら挑《いど》むこの大会《たいかい》は、熱《ねっ》気《き》と緊張感《きんちょうかん》にあふれ、独特《どくとく》のムードにつつまれていた。

4年《ねん》に一度《いちど》の大舞台《おおぶたい》であるオリンピックに出《で》るためには、決勝《けっしょう》のレースで派遣標準記録《はけんひょうじゅんきろく》を突破《とっぱ》し、なおかつ2位以内《いいない》に入《はい》らなければいけない。

スタンドでは、座席《ざせき》の一番上《いちばんうえ》までびっしりと入《はい》っている観客《かんきゃく》たちが、選手《せんしゅ》たちへ思《おも》い思《おも》いに「頑張《がんば》れ！」と声援《せいえん》をおくっていた。

入江陵介《いりえりょうすけ》はいつものようにゴーグルをかっちりと整《ととの》えてからプールに入《はい》り、冷静《れいせい》な表情《ひょうじょう》でスタートの位置《いち》についた。

背泳《せおよ》ぎはスタート台《だい》から飛《と》び込《こ》むのではなく、プールの壁側《かべがわ》に顔《かお》を向《む》けてバーにつかまり、号砲《ごうほう》とともに、勢《いきお》いよく壁《かべ》を蹴《け》ってスタートし、仰向《あおむ》けになって泳《およ》いでいく。

陵介《りょうすけ》の泳《およ》ぎの特徴《とくちょう》は、レースの後半《こうはん》に強《つよ》いことだ。スタートした直後《ちょくご》は誰《だれ》もが全力《ぜんりょく》で泳《およ》げるが、普通《ふつう》は距離《きょり》が進《すす》むと疲《つか》れが出《で》て、スピードが落《お》ちてくる。その中《なか》で、最初《さいしょ》からほとんど変《か》わらない速《はや》さで泳《およ》ぎ、最後《さいご》に追《お》い上《あ》げることができる陵介《りょうすけ》は、いつもレースの後《こう》半《はん》にライバルたちを追《お》い抜《ぬ》くというパターンで勝《か》ち続《つづ》けてきた。

けれども、このときは違《ちが》った。

陵介《りょうすけ》は前半《ぜんはん》からフルスピードで攻《せ》める泳《およ》ぎを見《み》せていた。そして、１００メートルを過《す》ぎたところでトップに立《た》つと、そのまま最後《さいご》まで逃《に》げ切《き》った。１分《ぷん》56秒《びょう》30で１位《い》。陵介《りょうすけ》にとっては、高校《こうこう》３年生《ねんせい》だった２００７年《ねん》に初優勝《はつゆうしょう》を飾《かざ》ってから10年連続《ねんれんぞく》の優勝《ゆうしょう》だ。

競泳日本選手権《きょうえいにほんせんしゅけん》10連覇《れんぱ》は、男女《だんじょ》の全種目《ぜんしゅもく》を通《つう》じ初《はじ》めてという快挙《かいきょ》だった。

オリンピックの平泳《ひらおよ》ぎで、合計《ごうけい》４個《こ》の金《きん》メダルを獲得《かくとく》した北島康介選手《きたじまこうすけせんしゅ》でも達成《たっせい》できなかった10連覇《れんぱ》。前人未到《ぜんじんみとう》の偉業《いぎょう》を成《な》し遂《と》げた陵介《りょうすけ》には、大《おお》きな拍手《はくしゅ》が降《ふ》り注《そそ》いだ。

けれども優勝《ゆうしょう》インタビューに呼《よ》ばれた陵介《りょうすけ》は、喜《よろこ》びを爆発《ばくはつ》させることなく、落《お》ち着《つ》いた口調《くちょう》でこう言《い》った。

「リオデジャネイロオリンピックの代表権《だいひょうけん》を取《と》ることができてホッとしています。10年連《ねんれん》続優勝《ぞくゆうしょう》というのもうれしい。胸《むね》を張《は》りたいと思《おも》います」

そして、こう続《つづ》けた。

「でも、今回《こんかい》のタイムは平凡《へいぼん》でした。これではリオデジャネイロオリンピックで戦《たたか》うことはできません」

陵介《りょうすけ》は手放《てばな》しで喜《よろこ》ぶことをしなかった。それどころか反省《はんせい》を口《くち》にした。

陵介《りょうすけ》は日本選手権《にほんせんしゅけん》で10連覇《れんぱ》を達成《たっせい》している間《あいだ》、2008年《ねん》の北京《ペキン》オリンピックと2012年《ねん》のロンドンオリンピックにも出場《しゅつじょう》している。北京《ペキン》では200メートル背泳《せおよ》ぎで5位《い》、そしてロンドンでは100メートル背泳《せおよ》ぎで銅《どう》メダル、200メートル背泳《せおよ》ぎで銀《ぎん》メダル、メドレーリレーでも銀《ぎん》メダルという、出場《しゅつじょう》した全種目《ぜんしゅもく》でメダルを手《て》にする大活躍《だいかつやく》だった。

陵介《りょうすけ》はいつも目《め》の前《まえ》にある課題《かだい》を一生懸命《いっしょうけんめい》にこなしながら、目標《もくひょう》に向《む》かって進《すす》んできた。大《おお》きな夢《ゆめ》をバーンと打《う》ち出《だ》してから、そこに向《む》かって行《い》くというのではなく、目《め》の前《まえ》のことを1つずつクリアしていくことで着実《ちゃくじつ》に前進《ぜんしん》していくというスタイルである。

これこそ陵介《りょうすけ》が子《こ》どものころからずっと続《つづ》けてきたやり方《かた》であり、数々《かずかず》のすばらしい成《せい》績《せき》を収《おさ》めてきた今《いま》でも変《か》わらない、彼《かれ》が信《しん》じ続《つづ》けているやり方《かた》である。

「夢《ゆめ》を大《おお》きく持《も》つ人《ひと》は多《おお》いと思《おも》います。けれども、そこにたどり着《つ》くまでの過程《かてい》をつくっていないことも意外《いがい》と多《おお》いものです。僕《ぼく》は、夢《ゆめ》だけを掲《かか》げてもなんの意味《いみ》もないと思《おも》っています。それよりも、夢《ゆめ》に向《む》かって行《い》く途中《とちゅう》段階《だんかい》の目標《もくひょう》や課題《かだい》をつくっていくことが大切《たいせつ》だと思《おも》います」

大《おお》きな夢《ゆめ》を持《も》つのはもちろんいいことだ。しかし、大《おお》きなところだけを見《み》て目《め》の前《まえ》にある課題《かだい》にしっかり取《と》り組《く》んでいないようではいけない。

まずは、今《いま》やるべき課題《かだい》がなんであるかを考《かんが》える。そして、その次《つぎ》の目標《もくひょう》が何《なに》かを考《かんが》える。そこから、地道《じみち》な努力《どりょく》を続《つづ》けていく。陵介《りょうすけ》が毎年《まいとし》勝《か》ち続《つづ》けてきた秘《ひ》けつだ。

オリンピックにはほど遠《とお》かった12歳《さい》

陵介《りょうすけ》は1990年《ねん》1月《がつ》24日《か》、大阪府大阪市《おおさかふおおさかし》で生《う》まれた。6歳上《さいうえ》のお姉《ねえ》さんと3歳上《さいうえ》のお兄《にい》さんがいる、3人《にん》きょうだいの末《すえ》っ子《こ》だった。

初《はじ》めてプールに行《い》ったのは陵介《りょうすけ》がまだ赤《あか》ちゃんのころだ。

家《いえ》の近所《きんじょ》にあるスイミングクラブのベビークラスに入《はい》り、水《みず》と遊《あそ》びながらすくすくと育《そだ》った。お姉《ねえ》さんとお兄《にい》さんも同《おな》じところに通《かよ》っていた。

4歳《さい》になると、今度《こんど》はスイミングクラブのジュニアコースに入《はい》った。

ここでは自由形《じゆうがた》、背泳《せおよ》ぎ、平泳《ひらおよ》ぎ、バタフライの「4泳法《えいほう》」をマスターしていった。クラスは「級《きゅう》」で分《わ》かれ、課題《かだい》をクリアすると上《うえ》の級《きゅう》に上《あ》がっていく仕組《しく》みだった。

けれども陵介《りょうすけ》には、そのころの思《おも》い出《で》はあまりない。赤《あか》ちゃんのときのことはもちろん覚《おぼ》えていないし、4歳《さい》のころも「水泳《すいえい》」をやっているという感《かん》じではなかった。

「小《ちい》さいころは、近所《きんじょ》の友《とも》だちも同《おな》じスイミングクラブに行《い》っていました。プールでいろいろなイベントをやりながら、楽《たの》しく過《す》ごしていた感《かん》じです。練習《れんしゅう》はきつかったですけど、プールに行《い》くのは日常生活《にちじょうせいかつ》の一部《いちぶ》。だから、行《い》くことが自然《しぜん》でした」

水《みず》の中《なか》で楽《たの》しく遊《あそ》んでいるような感覚《かんかく》だった陵介《りょうすけ》の生活《せいかつ》に変化《へんか》が起《お》きたのは、小学《しょうがく》2年《ねん》生《せい》のときだった。

お兄《にい》さんが「イトマンスイミングスクール玉出校《たまでこう》」の選手《せんしゅ》コースに移《うつ》ったときに陵介《りょうすけ》も

ささわれ、お兄《にい》さんと同《おな》じスクールへ移《うつ》ることになったのだ。

選手《せんしゅ》コースというのは、厳《きび》しいトレーニングを積《つ》みながらオリンピックや世界選手権《せかいせんしゅけん》などを目指《めざ》していくコースだ。

陵介《りょうすけ》のお兄《にい》さんはすでに小学生《しょうがくせい》の全国大会《ぜんこくたいかい》で優勝《ゆうしょう》するなど、大活躍《だいかつやく》していた。お兄《にい》さんは3歳上《さいうえ》。陵介《りょうすけ》にとっては目標《もくひょう》となるような存在《そんざい》でもあった。ところが、イトマン玉出校《たまでこう》に行《い》った陵介《りょうすけ》は、みんなの練習《れんしゅう》のレベルが高《たか》くて驚《おどろ》いた。

「それまで行《い》っていたスクールでは選手《せんしゅ》クラスではなかったので、楽《たの》しんで泳《およ》ぐという練《れん》習《しゅう》をしていたのですが、練習《れんしゅう》がきつくなり、ついていけなくなったのです」

今《いま》の陵介《りょうすけ》は背泳《せおよ》ぎの選手《せんしゅ》だが、そのころはまだ専門種目《せんもんしゅもく》は決《き》まっていなかった。練習《れんしゅう》はほぼクロールで、陵介《りょうすけ》より速《はや》い子《こ》が何人《なんにん》もいた。

「周《まわ》りの子《こ》のレベルがすごく高《たか》くて、練習《れんしゅう》で同世代《どうせだい》の女《おんな》の子《こ》に負《ま》けることも普通《ふつう》でした。いつも一番後《いちばんうし》ろの方《ほう》で泳《およ》いでいました」

このように小学生《しょうがくせい》のときの陵介《りょうすけ》は、ずば抜《ぬ》けたエリートというわけではなかった。最初《さいしょ》は「1年《ねん》でやめよう」と思《おも》っていたくらいだった。

けれども真面目《まじめ》な陵介《りょうすけ》は練習《れんしゅう》をサボるようなことはなかった。最初《さいしょ》はイヤだなと思《おも》って
いたが、練習《れんしゅう》には欠《か》かさずに行《い》った。
週《しゅう》2回《かい》の朝練習《あされんしゅう》の日《ひ》は、5時《じ》の始発電車《しはつでんしゃ》で家《いえ》から30分《ぷん》くらいかけてプールに行《い》き、1時
間半《かんはん》くらい泳《およ》いでから学校《がっこう》に行《い》った。最初《さいしょ》はお兄《にい》さんと一緒《いっしょ》に通《かよ》っていたが、お兄《にい》さんが
大《おお》きくなってからは陵介《りょうすけ》1人《り》で行《い》くようになった。
もちろん放課後《ほうかご》もスイミングスクールに通《かよ》った。平日《へいじつ》はほとんど毎日練習《まいにちれんしゅう》。陵介《りょうすけ》はいっ
たん家《いえ》に帰《かえ》ってから、お父《とう》さんの運転《うんてん》する車《くるま》でスイミングスクールまで行《い》った。夕方《ゆうがた》5時《じ》
から2時間《じかん》ほどの練習《れんしゅう》が終《お》わると、今度《こんど》はお母《かあ》さんが車《くるま》で迎《むか》えに来《き》てくれた。
だが、本当《ほんとう》のことを言《い》えば、やっぱり水泳《すいえい》はあまり楽《たの》しくはなかった。なぜなら、周《まわ》り
のレベルが高《たか》すぎて、練習《れんしゅう》が厳《きび》しかったからだ。
「選手《せんしゅ》コースに入《はい》っていたのですが、僕《ぼく》はそのレベルに達《たっ》していなかったと思《おも》います。後《あと》
から両親《りょうしん》に聞《き》いた話《はなし》では、僕《ぼく》のレベルが低《ひく》かったので、選手《せんしゅ》コースより1つ下《した》のクラスか
らやっていってほしいとスクールの人《ひと》から言《い》われたくらいです。
けれども両親《りょうしん》は『一番後《いちばんうし》ろでもいいから、とりあえず選手《せんしゅ》コースに置《お》いてください』と

頼《たの》んでくれました。小学生《しょうがくせい》のころの僕《ぼく》は、レベルの高《たか》い選手《せんしゅ》コースでなんとかはいつくばりながら泳《およ》いでいた感《かん》じでした」

それでも根気強《こんきづよ》く泳《およ》ぎ続《つづ》けているうちに、陵介《りょうすけ》は次第《しだい》に実力《じつりょく》をつけていった。頑張《がんば》っているというよりは、必死《ひっし》についていくような感《かん》じだったかもしれない。けれども練習《れんしゅう》は正直《しょうじき》だ。2、3年《ねん》たつと、陵介《りょうすけ》はほかの選手《せんしゅ》に負《ま》けなくなっていた。

選手《せんしゅ》コースに入《はい》ったばかりの低学年《ていがくねん》のころは、後《うし》ろの方《ほう》で泳《およ》ぐことの多《おお》かった陵介《りょうすけ》だが、中学年《ちゅうがくねん》になると練習《れんしゅう》にもだんだん慣《な》れ大会《たいかい》でよい成績《せいせき》が出《で》るようになっていった。

高学年《こうがくねん》になると「ジュニアオリンピック」と呼《よ》ばれる全国大会《ぜんこくたいかい》に出場《しゅつじょう》し、全国《ぜんこく》のライバルたちと競《きそ》い合《あ》って表彰台《ひょうしょうだい》に上《あ》がるようにもなった。

1年《ねん》でやめようと思《おも》っていたことは自然《しぜん》と忘《わす》れていた。特別《とくべつ》に決心《けっしん》したわけではないけれど、いつの間《ま》にか前《まえ》よりもっと厳《きび》しい練習《れんしゅう》に取《と》り組《く》むようになっていた。

イトマンスイミングスクール玉出校《たまでこう》では、周《まわ》りの子《こ》は水泳《すいえい》のエリートばかりだ。誰《だれ》もがオリンピックを目指《めざ》している中《なか》、陵介《りょうすけ》もその流《なが》れに自然《しぜん》に乗《の》っていったのだ。

陵介《りょうすけ》が今《いま》の専門《せんもん》である背泳《せおよ》ぎを本格的《ほんかくてき》にやるようになったのは12歳《さい》のときだった。小学生《しょうがくせい》のころも、練習《れんしゅう》ではクロールで泳《およ》いでいたが、好《す》きだったのは背泳《せおよ》ぎ。なぜ好《す》きになったのかは自分《じぶん》でもよくわからないと言《い》うが、大会《たいかい》では背泳《せおよ》ぎの成績《せいせき》が一番《いちばん》良《よ》かった。それも背泳《せおよ》ぎが好《す》きになった理由《りゆう》だった。

背泳《せおよ》ぎに集中《しゅうちゅう》するようになると、陵介《りょうすけ》の大会《たいかい》での成績《せいせき》はぐんぐんとよくなっていった。タイムはどんどん速《はや》くなり、大会《たいかい》で1位《い》になることが増《ふ》えた。

周《まわ》りの流《なが》れに乗《の》りながら自然《しぜん》と成長《せいちょう》を遂《と》げてきた陵介《りょうすけ》が、自分《じぶん》の意思《いし》で水泳《すいえい》と真剣《しんけん》に向《む》き合《あ》うようになったのは、中学《ちゅうがく》3年生《ねんせい》になった2004年《ねん》のことだった。

新《あたら》しく陵介《りょうすけ》の担当《たんとう》になった道浦健壽《みちうらたけとし》コーチから、「8年後《ねんご》のオリンピックを目指《めざ》していこう」と言《い》われた。

実《じつ》は、道浦《みちうら》コーチにそう言《い》われたとき、陵介自身《りょうすけじしん》は、8年後《ねんご》の2012年《ねん》のことまでは考《かんが》えていなかった。当時《とうじ》はまだ2012年《ねん》のオリンピックがどこで行《おこな》われるかも決《き》まっていなかった。2012年《ねん》のオリンピック開催地《かいさいち》がロンドンに決《き》まったのは陵介《りょうすけ》が高校《こうこう》1年《ねん》生《せい》になった2005年《ねん》7月《がつ》だった。

「8年後《ねんご》を目指《めざ》そう」と言《い》われても最初《さいしょ》は明確《めいかく》なイメージが湧《わ》いてこなかった陵介《りょうすけ》だが、毎日《まいにち》の練習《れんしゅう》にはしっかりと取《と》り組《く》んでいた。陵介《りょうすけ》は、とにかく目《め》の前《まえ》の課題《かだい》を必死《ひっし》に乗《の》り越《こ》えようとすることのできる選手《せんしゅ》だった。

中学生《ちゅうがくせい》なら毎年夏《まいとしなつ》に全国中学生大会《ぜんこくちゅうがくせいたいかい》があり、高校生《こうこうせい》ならインターハイがある。オリンピックという遠《とお》い目標《もくひょう》を見《み》つめなくても、毎年必《まいとしかなら》ず全国体会《ぜんこくたいかい》など大《おお》きな目標《もくひょう》を立《た》てることができる。だからそこに向《む》かって頑張《がんば》っていこうというのが、陵介《りょうすけ》の考《かんが》え方《かた》だった。

ただし、正確《せいかく》にいうとオリンピックをまったく考《かんが》えなかったわけではなかった。

「イトマンスイミングスクールには、歴代《れきだい》のオリンピアン（オリンピック選手《せんしゅ》）が大勢《おおぜい》います。ですから自分《じぶん》で強《つよ》く意識《いしき》することはなくても、心《こころ》のどこかでオリンピックを思《おも》い描《えが》いていたのだと思《おも》います」

オリンピックに出《で》たいと自分《じぶん》から口《くち》に出《だ》すことがあまりなかったのは、成績《せいせき》がそこまでずば抜《ぬ》けていたわけではないということも影響《えいきょう》していた。

陵介《りょうすけ》は当時《とうじ》の自分《じぶん》の様子《ようす》をこのように振《ふ》り返《かえ》る。

「12歳《さい》から15歳《さい》ごろの僕《ぼく》は、決《けっ》していつも優勝《ゆうしょう》するような選手《せんしゅ》ではなく、むしろオリンピックからはほど遠《とお》いレベルでした。ですから、オリンピックという大会《たいかい》を思《おも》い浮《う》かべることがあっても、そこに出《で》るという夢《ゆめ》を抱《いだ》くことができないくらいの成績《せいせき》だと自分《じぶん》で考《かんが》えていました。オリンピックを遠《とお》い世界《せかい》のものと思《おも》っていたかもしれません」

道浦《みちうら》コーチから「8年後《ねんご》を目指《めざ》そう」と言《い》われた中《ちゅう》3の陵介《りょうすけ》は、中学生《ちゅうがくせい》の大会《たいかい》では全国《ぜんこく》優勝《ゆうしょう》できたが、大人《おとな》の選手《せんしゅ》とくらべれば当然《とうぜん》まだまだ大《おお》きな差《さ》があった。

「オリンピックはそう簡単《かんたん》に出《で》られる世界《せかい》ではない」

陵介《りょうすけ》はそういうふうにも思《おも》っていた。

プールでも学校《がっこう》でもいつも精《せい》いっぱい頑張《がんば》る

小学生《しょうがくせい》のころの陵介《りょうすけ》は、クラスではごく普通《ふつう》の子《こ》どもだった。スイミングスクールで朝練習《あされんしゅう》をしてから学校《がっこう》へ行《い》くので、学校《がっこう》に着《つ》いた時点《じてん》で疲《つか》れていることも多《おお》かった。

「体《からだ》はそんな強《つよ》い方《ほう》ではなく、ずっと立《た》っていられないタイプ。貧血《ひんけつ》もあったので、朝礼《ちょうれい》で座《すわ》ってしまうこともありました」

それでも、休《やす》み時間《じかん》にはドッジボールをして遊《あそ》んだ。

「腕白《わんぱく》まではいかないですが、みんなと外《そと》に出《で》て遊《あそ》んでいました」

陵介《りょうすけ》が目立《めだ》っていたのはやはり水泳《すいえい》だったが、小学生《しょうがくせい》のころは水泳以外《すいえいいがい》にもいくつか習《なら》い事《ごと》をしていた。

きょうだい3人《にん》が共通《きょうつう》してやったのが水泳《すいえい》とピアノだ。そのほか、お兄《にい》さんはギターを習《なら》い、陵介《りょうすけ》は絵画教室《かいがきょうしつ》にも通《かよ》っていた。

絵画教室《かいがきょうしつ》はスイミングスクールの練習《れんしゅう》がない日《ひ》に行《い》った。そこは普通《ふつう》に絵《え》を描《か》くだけではなく、発想《はっそう》を豊《ゆた》かにする取《と》り組《く》みや、芸術性《げいじゅつせい》を磨《みが》いていこうという取《と》り組《く》みを行《おこな》う教室《きょうしつ》だった。

中学年《ちゅうがくねん》になると絵画教室《かいがきょうしつ》はやめたが、水泳《すいえい》とピアノは続《つづ》けた。陵介《りょうすけ》はピアノの腕前《うでまえ》もなかなかのものだった。レッスンは毎週土曜日《まいしゅうどようび》。コンクールには出《で》ていなかったが、発表会《はっぴょうかい》には出《で》ていた。

「毎日分刻《まいにちふんきざ》みで習《なら》い事《ごと》をしていたので、当時《とうじ》は疲《つか》れてきついなと思《おも》っていました。けれども、大人《おとな》になってみると、こんなに習《なら》いごとをさせてもらって、本当《ほんとう》に感謝《かんしゃ》の気持《きも》ちしかありません。ピアノも小《ちい》さいころにやっていないとできませんしね。子《こ》どものときはありがたみを感《かん》じていませんでしたが、今《いま》となっては両親《りょうしん》に感謝《かんしゃ》の気持《きも》ちでいっぱいです」

練習《れんしゅう》は厳《きび》しくても、陵介《りょうすけ》がスイミングスクールをやめずに続《つづ》けてこられたのは、プールに行《い》けば友《とも》だちが大勢《おおぜい》いたからだ。

スイミングスクールの友《とも》だちは、学校以外《がっこういがい》の友《とも》だちなので、それ自体《じたい》が新鮮《しんせん》だった。練《れん》習後《しゅうご》や休《やす》みの日《ひ》にみんなでお昼《ひる》ご飯《はん》を食《た》べに行《い》ったり、友《とも》だちの家《いえ》へ遊《あそ》びに行《い》ったり、一《いっ》緒《しょ》に映画《えいが》を見《み》に行《い》ったり、いろいろなことをしていた。

「当時《とうじ》のメンバーは、今《いま》ではもう社会人《しゃかいじん》になっていたりしてバラバラなのですが、そのときはすごく仲《なか》がよかったです。最初《さいしょ》は１年間《ねんかん》でやめようと思《おも》っていたのですが、そういうことも含《ふく》めて、続《つづ》けてきてよかったと思《おも》っています」

中《ちゅう》３で新《あたら》しいコーチについた陵介《りょうすけ》は、秋《あき》の大会《たいかい》で２００メートル背泳《せおよ》ぎの中学新記録《ちゅうがくしんきろく》を出《だ》した。高校生《こうこうせい》になると、さらに大会《たいかい》での成績《せいせき》を上《あ》げていった。タイムはどんどん縮《ちぢ》んでいき、多《おお》くの水泳関係者《すいえいかんけいしゃ》やマスコミから注目《ちゅうもく》されるようになった。

それは記録《きろく》や順位《じゅんい》だけではなかった。陵介《りょうすけ》の泳《およ》ぎのフォームは、軸《じく》が左右《さゆう》や上下《じょうげ》に動《うご》かず、まるで一本《いっぽん》の棒《ぼう》が水中《すいちゅう》を流《なが》れるように進《すす》んでいく。水《みず》しぶきも非常《ひじょう》に少《すく》ない。

高校生《こうこうせい》になり、日本選手権《にほんせんしゅけん》に出場《しゅつじょう》するようになると、陵介《りょうすけ》の美《うつく》しいフォームは大《おお》きな評判《ひょうばん》を呼《よ》んでいった。

高《こう》2だったある日《ひ》、陵介《りょうすけ》を取材《しゅざい》に来《き》たテレビ局《きょく》の人《ひと》に「おでこにペットボトルをのせて泳《およ》げますか」と聞《き》かれ、やってみた。すると、陵介《りょうすけ》はペットボトルを落《お》とすことなく、50メートルプールを最後《さいご》まで泳《およ》ぎ切《き》ってしまった。

「自分《じぶん》では別《べつ》に驚《おどろ》きもしなかったですし、そんなにすごいことだとも思《おも》いませんでした」

けれども周《まわ》りはびっくりしていた。

水泳関係者《すいえいかんけいしゃ》も「すごい選手《せんしゅ》が出《で》てきた」と注目《ちゅうもく》した。

美《うつく》しくむだのないフォームは、水《みず》の抵抗《ていこう》を受《う》けにくい泳《およ》ぎを生《う》む。抵抗《ていこう》が少《すく》なければスピードが出《で》やすく、疲労《ひろう》は少《すく》ない。

これは、10年《ねん》たった今《いま》でも、陵介《りょうすけ》の比類《ひるい》なき長所《ちょうしょ》だと言《い》われている。

陵介《りょうすけ》は学校《がっこう》の成績《せいせき》も優秀《ゆうしゅう》だった。得意科目《とくいかもく》は理科《りか》。暗記《あんき》するのはお手《て》の物《もの》だった。反対《はんたい》に苦手《にがて》だったのは国語《こくご》。「国語《こくご》は答《こた》えがいっぱいあるから苦手《にがて》だった」と話《はな》す。

お父《とう》さんとお母《かあ》さんからは「水泳《すいえい》と勉強《べんきょう》は別《べつ》。水泳《すいえい》をやっているからといって、勉強《べんきょう》をおろそかにしてはいけません」と厳《きび》しく言《い》われていた。

そして学校《がっこう》のテストでは80点《てん》が最低《さいてい》ラインとされていた。80点《てん》を切《き》ると、間違《まちが》った問題《もんだい》をもう一度家《いちどいえ》でやり直《なお》しさせられた。

勉強《べんきょう》は大切《たいせつ》だ。しかし、水泳《すいえい》を一生懸命《いっしょうけんめい》にやっていると、どうしても練習《れんしゅう》に時間《じかん》を取《と》られてしまい、長《なが》い時間《じかん》、勉強《べんきょう》することはできない。

中学生《ちゅうがくせい》になると、陵介《りょうすけ》はノートの書《か》き方《かた》を工夫《くふう》するようになった。授業《じゅぎょう》で習《なら》ったことを見《み》やすく丁寧《ていねい》にまとめ、項目《こうもく》ごとに吹《ふ》き出《だ》しをつくって自分《じぶん》でわかりやすい説明《せつめい》を加《くわ》えたり、前後《ぜんご》のところで関係《かんけい》のあることを書《か》き加《くわ》えたりしていた。頭《あたま》の中《なか》で整理《せいり》しながら書《か》いた陵介《りょうすけ》のノートは、まるで参考書《さんこうしょ》のようだった。後《あと》で見直《みなお》してもわかりやすい。

高校生《こうこうせい》になると海外遠征《かいがいえんせい》に行《い》くことが増《ふ》え、学習時間《がくしゅうじかん》を確保《かくほ》するのがますます難《むずか》しくなった。とにかく授業《じゅぎょう》に集中《しゅうちゅう》していないとわからないことが出《で》てきてしまう。

「あまり勉強《べんきょう》する時間《じかん》を取《と》れないので、なるべく授業中《じゅぎょうちゅう》に覚《おぼ》えたり、簡単《かんたん》な内容《ないよう》のときは自分《じぶん》で先《さき》に進《すす》んでやったりもしていました」

遠征先《えんせいさき》から帰国《きこく》してすぐにテストがあるようなときは、行《い》く前《まえ》にあらかじめ先生《せんせい》にテストの範囲《はんい》を聞《き》いておき、遠征先《えんせいさき》に教科書《きょうかしょ》を持《も》っていき勉強《べんきょう》するということもあった。

この時期《じき》、陵介《りょうすけ》が勉強《べんきょう》をおろそかにすることなく、水泳《すいえい》と勉強《べんきょう》を両立《りょうりつ》できたのは、お父《とう》さんとお母《かあ》さんからいつも言《い》われていた言葉《ことば》があったからだ。

「水泳《すいえい》に行《い》けば一選手《いちせんしゅ》だし、学校《がっこう》に行《い》けば一生徒《いちせいと》。そこに行《い》けばそこでしっかり頑張《がんば》るのが当《あ》たり前《まえ》だ」

水泳《すいえい》では学校《がっこう》の勉強《べんきょう》を言《い》い訳《わけ》にできない。学校《がっこう》では水泳《すいえい》を言《い》い訳《わけ》にできないということである。

今《いま》いる場所《ばしょ》で自分《じぶん》がどういう努力《どりょく》をしているか。どういう姿《すがた》を見《み》せているか。どういう成績《せいせき》を収《おさ》めているか。それが大事《だいじ》だということ。実際《じっさい》に、中学《ちゅうがく》と高校《こうこう》のころも、試験期間《しけんきかん》だからといって、スイミングの練習量《れんしゅうりょう》が減《へ》ることはなかった。

こうして2004年《ねん》11月《がつ》に200メートル背泳《せおよ》ぎの中学新記録《ちゅうがくしんきろく》を出《だ》した陵介《りょうすけ》は、中学《ちゅうがく》の卒業直前《そつぎょうちょくぜん》の2005年《ねん》3月《がつ》に、今度《こんど》は100メートル背泳《せおよ》ぎと200メートル背泳《せおよ》ぎの中《ちゅう》学記録《がくきろく》をぬりかえた。

高校《こうこう》に進学《しんがく》するときはかなり悩《なや》んだ。水泳選手《すいえいせんしゅ》として本格的《ほんかくてき》に世界《せかい》を目指《めざ》すなら、水泳《すいえい》の練習《れんしゅう》がしっかりできる体育系《たいいくけい》クラスのある高校《こうこう》を選《えら》ぶ必要《ひつよう》がある。

一方《いっぽう》で、お姉《ねえ》さんやお兄《にい》さんがその道《みち》を選《えら》んだように、普通《ふつう》の高校《こうこう》に入《はい》って、楽《たの》しみながら水泳《すいえい》を続《つづ》けるというやり方《かた》もある。ただし、その方向《ほうこう》を選《えら》ぶとすれば、しっかり受験《じゅけん》勉強《べんきょう》をしていなければ高校《こうこう》には受《う》からない。中《ちゅう》3になって間《ま》もないころの陵介《りょうすけ》は、どちらの方向《ほうこう》にも進《すす》めるように、受験勉強《じゅけんべんきょう》も一生懸命《いっしょうけんめい》やっていた。

さらに、陵介《りょうすけ》にはピアノを続《つづ》けたいという気持《きも》ちもあった。ちょうど大阪《おおさか》の公立高校《こうりつこうこう》に音楽科《おんがくか》ができたということもあり、そこに行《い》こうかなという考《かんが》えもあった。

けれども最終的《さいしゅうてき》に選《えら》んだのは、水泳《すいえい》に集中《しゅうちゅう》できる近畿大学付属高校《きんきだいがくふぞくこうこう》に進学《しんがく》することだった。

決《き》め手《て》となったのは、中学新記録《ちゅうがくしんきろく》を出《だ》すなど急成長《きゅうせいちょう》を遂《と》げていたことが認《みと》められて、ジュニアの国際水泳大会《こくさいすいえいたいかい》の日本代表《にほんだいひょう》メンバーに選《えら》ばれたことだ。大会《たいかい》は高校受験《こうこうじゅけん》の時期《じき》と重《かさ》なっており、次第《しだい》に受験勉強《じゅけんべんきょう》のための時間《じかん》を取《と》ることができない状態《じょうたい》になっていった。

陵介《りょうすけ》は考《かん》えた末《すえ》に水泳《すいえい》を選《えら》び、スポーツの強豪校《きょうごうこう》である近大付属高校《きんだいふぞくこうこう》に進《すす》むことを決《き》めた。それは同時《どうじ》にピアノを諦《あきら》めることでもあった。

「姉《あね》と兄《あに》が公立高校《こうりつこうこう》に入《はい》って水泳部員《すいえいぶいん》として楽《たの》しく泳《およ》いでいたのを見《み》ていたので、自分《じぶん》の高校《こうこう》を選《えら》ぶときはけっこう悩《なや》みました。やはり、私立高校《しりつこうこう》に水泳専門《すいえいせんもん》で入学《にゅうがく》すると、そこに集中《しゅうちゅう》し本格的《ほんかくてき》にやっていくので、もう普通《ふつう》の部活動《ぶかつどう》という感《かん》じではなくなります。エンジョイしながら水泳《すいえい》をやるか、もっと本格的《ほんかくてき》にやるかという道《みち》だったので、そこは大《おお》いに悩《なや》みました」

本当《ほんとう》のことをいえば、勉強《べんきょう》も水泳《すいえい》も両方《りょうほう》ともやりたいというのが陵介《りょうすけ》の気持《きも》ちだった。しかし、公立高校《こうりつこうこう》を選《えら》ぶと、水泳《すいえい》の遠征《えんせい》に参加《さんか》できないこともある。

水泳《すいえい》では順調《じゅんちょう》に成績《せいせき》が上《あ》がっており、国際大会《こくさいたいかい》に出《で》て200メートル背泳《せおよ》ぎで上位《じょうい》を狙《ねら》える可能性《かのうせい》がふくらんでいた。陵介《りょうすけ》は悩《なや》みに悩《なや》んだ末《すえ》に、水泳《すいえい》を取《と》ったのだった。

目《め》の前《まえ》の目標《もくひょう》を1つ1つクリアし世界《せかい》へ

　高校《こうこう》に入《はい》った陵介《りょうすけ》は、本格的《ほんかくてき》に水泳《すいえい》に集中《しゅうちゅう》していった。自宅《じたく》から通《かよ》っていたので、朝練《あされん》習《しゅう》をしてから学校《がっこう》に行《い》って、放課後《ほうかご》にまた練習《れんしゅう》するという生活《せいかつ》に大《おお》きな変化《へんか》はなかったが、練習《れんしゅう》の内容《ないよう》は以前《いぜん》よりも格段《かくだん》に厳《きび》しくなった。

　目標《もくひょう》のレベルも上《あ》がっていた。中学《ちゅうがく》のときは全国中学大会《ぜんこくちゅうがくたいかい》で優勝《ゆうしょう》するという目標《もくひょう》だったが、高校生《こうこうせい》になるとタイムがどんどん縮《ちぢ》まっていったので、インターハイ優勝《ゆうしょう》だけではなく、国内最高峰《こくないさいこうほう》の大会《たいかい》である日本選手権《にほんせんしゅけん》での優勝《ゆうしょう》という新《あたら》しい目標《もくひょう》を持《も》つこともできるようになった。

　この時期《じき》の陵介《りょうすけ》は、大《おお》きな大会《たいかい》があるたびにほぼ目標《もくひょう》をクリアしていた。体《からだ》も大《おお》きくなっていき、筋力《きんりょく》もついてきた。水泳選手《すいえいせんしゅ》として伸《の》び盛《ざか》りの時期《じき》だった。

「決《き》めた目標《もくひょう》に向《む》かって練習《れんしゅう》を重《かさ》ね、目標《もくひょう》を達成《たっせい》していく喜《よろこ》びを一番味《いちばんあじ》わったのが高校時《こうこうじ》代《だい》でした。やっていてとても楽《たの》しかったです」

近大付属高校《きんだいふぞくこうこう》1年《ねん》になった2005年《ねん》4月《がつ》の日本選手権《にほんせんしゅけん》では、初《はじ》めて200メートル背《せ》泳《およ》ぎで予選《よせん》を突破《とっぱ》し、8人《にん》の選手《せんしゅ》だけが進《すす》む決勝《けっしょう》レースに残《のこ》った。そして8月《がつ》には、インターハイの200メートル背泳《せおよ》ぎで高校新記録《こうこうしんきろく》を出《だ》して優勝《ゆうしょう》した。

さらに、高《こう》2になった2006年《ねん》4月《がつ》の日本選手権《にほんせんしゅけん》では、またしても200メートル背《せ》泳《およ》ぎで高校新《こうこうしん》をマークして2位《い》になった。この成績《せいせき》が認《みと》められて初《はじ》めて日本代表入《にほんだいひょうい》りを果《は》たした陵介《りょうすけ》は、同年夏《どうねんなつ》にカナダで行《おこな》われたパンパシフィック大会《たいかい》に出場《しゅつじょう》し、日本《にほん》のトップスイマーへの階段《かいだん》を上《のぼ》り始《はじ》めた。

高《こう》2のときの目標《もくひょう》は、18歳以下《さいいか》の選手《せんしゅ》が出《で》るジュニアパンパシフィック大会《たいかい》という国際《こくさい》大会《たいかい》に出《で》ることだった。けれども陵介《りょうすけ》はそこを一足飛《いっそくと》びに越《こ》えていた。得意《とくい》の200メートル背泳《せおよ》ぎで日本代表入《にほんだいひょうい》りしたのはもちろんうれしかったが、苦手《にがて》だった100メートル背泳《せおよ》ぎの自己《じこ》ベストを1年間《ねんかん》で2秒近《びょうちか》く縮《ちぢ》めたこともうれしかった。

日本代表《にほんだいひょう》には、北島康介選手《きたじまこうすけせんしゅ》がいた。2000年《ねん》シドニーオリンピックと2004年《ねん》アテネオリンピックに出場《しゅつじょう》し、2つの金《きん》メダルを獲得《かくとく》している。そんな北島選手《きたじませんしゅ》をはじめとするオリンピック出場経験《しゅつじょうけいけん》のあるスイマーたちから、陵介《りょうすけ》は大《おお》いに刺激《しげき》を受《う》けた。

そして、このとき初《はじ》めて「オリンピック」を意識《いしき》した。

「このまま日本代表《にほんだいひょう》に入《はい》り続《つづ》ければ、自然《しぜん》とオリンピックというものが見《み》えてくるだろう。もっと頑張《がんば》ろう」

その後《ご》、陵介《りょうすけ》はさらに成長《せいちょう》スピードを上《あ》げていく。2008年《ねん》1月《がつ》には、高《こう》3で200メートル背泳《せおよ》ぎの自身初《じしんはつ》の日本記録樹立《にほんきろくじゅりつ》。そして、近畿大学《きんきだいがく》に進《すす》んだ同年夏《どうねんなつ》には200メートル背泳《せおよ》ぎで北京《ペキン》オリンピックに出場《しゅつじょう》した。結果《けっか》は5位入賞《いにゅうしょう》だった。

「北京《ペキン》のころは、ちょうど大学生《だいがくせい》になって生活《せいかつ》も変《か》わりながらトレーニングしていた時期《じき》でした。そのころはどんどん自分《じぶん》が世界《せかい》のトップ3に入《はい》るくらいのレベルになってきて、すごく充実《じゅうじつ》していたと思《おも》います。北京《ペキン》オリンピックではプレッシャーもありましたし、実際《じっさい》のレースでは雰囲気《ふんいき》にのまれてしまったという悔《くや》しさもありましたが、やはり、世界《せかい》の上位《じょうい》に自分《じぶん》がいることは純粋《じゅんすい》にうれしかったです」

陵介《りょうすけ》が言《い》うように、北京《ペキン》オリンピックの後《あと》は実力《じつりょく》がさらに上《あ》がっていった。

2009年《ねん》7月《がつ》の世界選手権《せかいせんしゅけん》では200メートル背泳《せおよ》ぎで世界大会初《せかいたいかいはつ》となる銀《ぎん》メダルを

獲得《かくとく》した。当時《とうじ》は「高速水着《こうそくみずぎ》」という、水《みず》の抵抗《ていこう》を減《へ》らす水着《みずぎ》で試合《しあい》をしており、陵介《りょうすけ》は100メートル背泳《せおよ》ぎでも200メートル背泳《せおよ》ぎでも日本記録《にほんきろく》をつくった。そのときの記《き》録《ろく》は今《いま》も破《やぶ》られていない。

さらに、2011年《ねん》7月《がつ》の世界選手権《せかいせんしゅけん》では100メートル背泳《せおよ》ぎで銅《どう》メダル、200メートル背泳《せおよ》ぎで銀《ぎん》メダルを取《と》った。陵介《りょうすけ》は完全《かんぜん》に世界《せかい》のトップスイマーになっていった。

こうして、絶好調《ぜっこうちょう》が続《つづ》くままに迎《むか》えた2012年《ねん》のロンドンオリンピック。陵介《りょうすけ》は、4月《がつ》の日本選手権《にほんせんしゅけん》では、200メートル背泳《せおよ》ぎでシーズン世界《せかい》ランク1位《い》のタイムを出《だ》し、優勝候補筆頭《ゆうしょうこうほひっとう》という期待《きたい》を背負《せお》ってロンドンへ向《む》かった。

ロンドンオリンピックでは、まず100メートル背泳《せおよ》ぎのレースに出《で》た。北京《ペキン》オリンピックのときはまだスピードが足《た》りておらず、出《で》られなかった種目《しゅもく》だ。陵介《りょうすけ》はこのレースで見事《みごと》に銅《どう》メダルを獲得《かくとく》した。

勝負《しょうぶ》をかけて挑《いど》んだ200メートル背泳《せおよ》ぎでは、北京《ペキン》オリンピックの金《きん》メダリストであるライアン・ロクテ選手《せんしゅ》（アメリカ）と陵介《りょうすけ》が金《きん》メダル候補《こうほ》の一番手《いちばんて》とされていた。ロクテ選手《せんしゅ》は先行型《せんこうがた》、陵介《りょうすけ》は後半《こうはん》の追《お》い上《あ》げを得意《とくい》としていた。

8月2日《がつかか》の決勝《けっしょう》。陵介《りょうすけ》は最初《さいしょ》の50メートルをロクテ選手《せんしゅ》に0秒《びょう》03遅《おく》れるだけでターンし、100メートルで0秒《びょう》22差《さ》、そして150メートルでは0秒《びょう》23差《さ》と、ほどよい差《さ》を保《たも》っていた。そして最後《さいご》の50メートルはロクテ選手《せんしゅ》と陵介《りょうすけ》が競《せ》り合《あ》っているところに、2011年世界選手権《ねんせかいせんしゅけん》で銅《どう》メダルを取《と》っているタイラー・クラリー選手《せんしゅ》（アメリカ）が入《はい》ってきて、一時《いちじ》は3人《にん》がほぼ横並《よこなら》びになった。

残《のこ》り数《すう》メートルになってから抜《ぬ》け出《だ》したのは、クラリー選手《せんしゅ》だった。陵介《りょうすけ》は最後《さいご》の5メートルでロクテ選手《せんしゅ》を追《お》い抜《ぬ》き、2位《い》でゴールした。惜《お》しくも金《きん》メダルを手《て》にすることはできなかったが、表彰式《ひょうしょうしき》で銀《ぎん》メダルを首《くび》にかけてもらった陵介《りょうすけ》はさばさばとした表情《ひょうじょう》を浮《う》かべていた。

「本当《ほんとう》は1位《い》という文字《もじ》を見《み》たかったのですが、自分《じぶん》がやろうとしていたことをすべて出《だ》し切《き》ることができたレースでした。100パーセントの力《ちから》を出《だ》し切《き》っての銀《ぎん》メダルという成績《せいせき》なので、今《いま》はこの順位《じゅんい》に胸《むね》を張《は》りたいです」

陵介《りょうすけ》には子《こ》どものころ「あこがれの選手《せんしゅ》」や「この選手《せんしゅ》を超《こ》えたい」と思《おも》うような存在《そんざい》

はいなかった。テレビでオリンピックを見《み》ることもあまりなかった。スイミングスクールの先輩《せんぱい》たちの中《なか》でオリンピックに出《で》る選手《せんしゅ》がいれば「すごいな」とは思《おも》ったが、「自分《じぶん》もこうなりたい」とまでは思《おも》わなかった。

子《こ》どものころの陵介《りょうすけ》は、目《め》の前《まえ》のことを一生懸命《いっしょうけんめい》こなすことに誠実《せいじつ》に生《い》きていた。

「目標《もくひょう》は1日《にち》1日《にち》つくっていく方《ほう》がしっかりできると思《おも》います。変《へん》に先《さき》を見《み》すぎると、どうしても後回《あとまわ》しになってしまいますし、まだこんなにやることが残《のこ》っているんだと心《こころ》が折《お》れてしまうかもしれません。1日《にち》1日《にち》を大切《たいせつ》にという考《かんが》えは今《いま》も変《か》わりません」

陵介《りょうすけ》は、大《おお》きい目標《もくひょう》を掲《かか》げて、そこを見《み》つめていくやり方《かた》が間違《まちが》っていると考《かんが》えているわけではない。そういう選手《せんしゅ》がいることもわかっている。

「でも……」

陵介《りょうすけ》は言《い》う。

「夢《ゆめ》はなんですかと聞《き》かれて、パッと答《こた》えられる子《こ》どもは多《おお》いと思《おも》いますが、そこにたどり着《つ》くまでの課題《かだい》や、来年《らいねん》の目標《もくひょう》が何《なに》かを聞《き》かれると答《こた》えられないということも多《おお》いと思《おも》います。僕《ぼく》が思《おも》うのは、夢《ゆめ》に向《む》かって行《い》く途中段階《とちゅうだんかい》のものをつくっていかないとダメだということです」

26歳《さい》になった陵介《りょうすけ》は今《いま》、水泳《すいえい》を続《つづ》けてきてよかったと思《おも》っている。全国各地《ぜんこくかくち》や海外《かいがい》に大《おお》勢《ぜい》の友《とも》だちができたこと。練習《れんしゅう》はきつく、プレッシャーも大《おお》きいけれど、それをクリアできたときの喜《よろこ》びや達成感《たっせいかん》という、日常《にちじょう》では味《あじ》わえない楽《たの》しさがあること。

２０１６年夏《ねんなつ》には陵介《りょうすけ》にとって3度目《どめ》となるリオデジャネイロオリンピックが待《ま》っている。18歳《さい》で出場《しゅつじょう》した北京《ペキン》オリンピックは出場《しゅつじょう》することに浮足立《うきあしだ》ってしまった。ロンドンオリンピックではメダルを取《と》りたいという強《つよ》い気持《きも》ちがあった。そして、次《つぎ》のリオデジャネイロオリンピックでは、1日《にち》1日《にち》を一生懸命《いっしょうけんめい》やって、完全燃焼《かんぜんねんしょう》したいと考《かんが》えている。

12歳《さい》のときから専門競技《せんもんきょうぎ》としてきた背泳《せおよ》ぎ。今《いま》まで自分《じぶん》を支《ささ》えてくれた多《おお》くの人々《ひとびと》への感謝《かんしゃ》の気持《きも》ちを込《こ》めて、陵介《りょうすけ》は最高《さいこう》の泳《およ》ぎをしようと思《おも》っている。

【入江陵介　リオ五輪へのあゆみ】

1990年1月24日生まれ。

1990年	誕生から数か月でベビースイミングを始める。
1998年	小学2年生からイトマンスイミングスクール玉出校の競泳選手コースに。
2002年	中学進学を機に背泳ぎを専門とする。
2005年	100メートルと200メートルの背泳ぎで当時の日本中学記録を樹立。
2006年	アジア大会200メートル背泳ぎで優勝。
2007年	日本選手権200メートル背泳ぎで、自身の高校新記録を更新して初優勝。
2008年	近畿大学法学部へ進学。 北京オリンピック200メートル背泳ぎで5位入賞。
2009年	日本選手権200メートル背泳ぎ3連覇。 世界水泳選手権ローマ大会200メートルで銀メダル。
2011年	世界水泳選手権上海大会100メートル背泳ぎで銅メダル、 200メートル背泳ぎで銀メダルを獲得。
2012年	ロンドンオリンピック100メートル背泳ぎ銅メダル、 200メートル背泳ぎ銀メダル、400メートルメドレーリレー銀メダル獲得。
2014年	パンパシフィック選手権で100メートル背泳ぎ金メダル、 200メートル背泳ぎ、400メートルメドレーリレーで銀メダル獲得。 アジア大会の50メートル背泳ぎと400メートルメドレーリレー銀メダル、 100メートル背泳ぎ、200メートル背泳ぎで金メダルを獲得。 世界短水路選手権の100メートル背泳ぎで銅メダル獲得。
2016年	日本選手権200メートル背泳ぎで史上初の10連覇を達成する。

中村博之／PICSTORT

誰《だれ》もやったことのない 攻《せ》める演技《えんぎ》で、 世界《せかい》を驚《おどろ》かせる

白井健三《しらい・けんぞう》

KENZO SHIRAI

1996年《ねん》8月《がつ》24日《ひ》、神奈川県《かながわけん》生《う》まれ。おとめ座《ざ》。ひねりを生《い》かした新技《しんわざ》で、ゆか運動《うんどう》3つ、跳馬《ちょうば》で1つ、自身《じしん》の名前《なまえ》のついた技《わざ》を計《けい》4つ持《も》っている。日本体育大学所属《にほんたいいくだいがくしょぞく》。

【オリンピック　体操男子】

ゆか運動《うんどう》、あん馬《ば》、つり輪《わ》、跳馬《ちょうば》、平行棒《へいこうぼう》、鉄棒《てつぼう》の6つの種目《しゅもく》で演技《えんぎ》を行《おこな》う。内容《ないよう》は選手《せんしゅ》が自由《じゆう》に選択《せんたく》。技《わざ》のレベルや出来映《できば》えを採点《さいてん》し順位《じゅんい》を争《あらそ》う。個人団体予選《こじんだんたいよせん》は1チーム最大《さいだい》5人《にん》の中《なか》から1種目《しゅもく》4人《にん》が演技《えんぎ》し、上位《じょうい》3人《にん》の総合得点《そうごうとくてん》で競《きそ》う。(個人総《こじんそう》合《ごう》や種目別《しゅもくべつ》の予選《よせん》を兼《か》ねる)。団体決勝《だんたいけっしょう》は5人《にん》中《ちゅう》3人《にん》が演技《えんぎ》し、3人《にん》の得点《とくてん》で競《きそ》う。

人類初《じんるいはつ》の大技《おおわざ》に世界《せかい》が仰天《ぎょうてん》

2013年秋《ねんあき》。体操界《たいそうかい》に世界中《せかいじゅう》が驚《おどろ》くニューヒーローが誕生《たんじょう》した。

世界選手権種目別《せかいせんしゅけんしゅもくべつ》ゆか運動《うんどう》。世界各国《せかいかっこく》から集《あつ》まった137人《にん》の選手《せんしゅ》の中《なか》で上位《じょうい》8人《にん》しか出《で》られない決勝《けっしょう》に出場《しゅつじょう》した、日本《にほん》の高校《こうこう》2年生《ねんせい》・白井健三《しらいけんぞう》だ。

健三《けんぞう》は目《め》にも止《と》まらない速《はや》さで4回《かい》ひねりを成功《せいこう》させ、ピタリと着地《ちゃくち》を決《き》めた。アリーナを埋《う》め尽《つ》くした2万人《まんにん》のお客《きゃく》さんたちは「オオーーー!!」とうなり声《ごえ》を上《あ》げ、大《おお》きな拍手《はくしゅ》をおくった。健三《けんぞう》は笑顔《えがお》でガッツポーズを繰《く》り返《かえ》した。

電光掲示板《でんこうけいじばん》に映《うつ》し出《だ》された点数《てんすう》は2位《い》を大《おお》きく引《ひ》き離《はな》す16・000。15点《てん》を出《だ》せば世界《せかい》レベル、15・5を超《こ》えれば世界《せかい》トップクラスという中《なか》で、16点《てん》はめったに見《み》られない高《たか》い点数《てんすう》だ。しかも、金《きん》メダルを取《と》ったのはまだ17歳《さい》の少年《しょうねん》だった。それがわかると、ふたたび大勢《おおぜい》の人々《ひとびと》が立《た》ち上《あ》がって拍手《はくしゅ》をした。誰《だれ》もが仰天《ぎょうてん》していた。

驚《おどろ》くべきことはそれだけではない。健三《けんぞう》が見《み》せた演技《えんぎ》にはもっとすごいことが隠《かく》されていた。疲《つか》れを感《かん》じる一番最後《いちばんさいご》に、もっとも難《むずか》しい4回《かい》ひねりの大技《おおわざ》を入《い》れていたのだ。体操《たいそう》では、どんなに難《むずか》しい技《わざ》を入《い》れても、失敗《しっぱい》すれば大《おお》きな減点《げんてん》となる。だから、演技《えんぎ》の最後《さいご》にはできるだけ安定感《あんていかん》のある無難《ぶなん》な技《わざ》を入《い》れる選手《せんしゅ》が多《おお》い。

だからこそ逆《ぎゃく》に、健三《けんぞう》のように最後《さいご》に難《むずか》しい技《わざ》を入《い》れて成功《せいこう》させれば、その選手《せんしゅ》は難《むずか》しいことに挑戦《ちょうせん》をしたというよい印象《いんしょう》を審判《しんぱん》に与《あた》えることができる。お客《きゃく》さんも盛《も》り上《あ》がってくれる。

アメリカのテレビ局《きょく》は健三《けんぞう》に「ミスター・ツイスト」というニックネームをつけて紹介《しょうかい》した。イギリスの公共放送《こうきょうほうそう》である「BBC《ビービーシー》放送《ほうそう》」はその年《とし》の12月《がつ》に放送《ほうそう》したスポーツ名場面特集《めいばめんとくしゅう》で「今年《ことし》の最《もっと》もクールな瞬間《しゅんかん》」として健三《けんぞう》の4回《かい》ひねりを選《えら》んだ。

翌《よく》2014年《ねん》には「史上初《しじょうはつ》の4回《かい》ひねりを成功《せいこう》させた17歳《さい》」としてギネス世界記録《せかいきろく》にも認定《にんてい》された。人類《じんるい》が足《あし》を踏《ふ》み入《い》れたことのないレベルを17歳《さい》で切《き》りひらいた健三《けんぞう》は、世界《せかい》中《じゅう》にとてつもない衝撃《しょうげき》をもたらしていた。

「最後《さいご》の着地《ちゃくち》が決《き》まった瞬間《しゅんかん》に、勝《か》ったと思《おも》いました。緊張《きんちょう》はしませんでした。演技中《えんぎちゅう》もお客《きゃく》さんの声《こえ》が聞《き》こえて楽《たの》しめました」

健三《けんぞう》は、とてつもないことをやってのけたとは思《おも》えないほど落《お》ち着《つ》いた口調《くちょう》で話《はな》した。

けれども、世界《せかい》を驚《おどろ》かせた理由《りゆう》はまだあった。それまで誰《だれ》もやったことのない新《あたら》しい技《わざ》を、ゆか運動《うんどう》と跳馬《ちょうば》で成功《せいこう》させたことだ。

体操《たいそう》では、オリンピックや世界選手権《せかいせんしゅけん》など大《おお》きな大会《たいかい》で新《あたら》しい技《わざ》を成功《せいこう》させると、成功《せいこう》させた選手《せんしゅ》の名前《なまえ》がその技《わざ》につくことになっている。たとえば跳馬《ちょうば》の「ツカハラ跳《と》び」や平行棒《へいこうぼう》の「モリスエ」はかつて日本選手《にほんせんしゅ》が開発《かいはつ》した技《わざ》だ。

外国人選手《がいこくじんせんしゅ》の名前《なまえ》のついた技《わざ》では鉄棒《てつぼう》の「コバチ」「コールマン」「カッシーナ」などがある。一度名前《いちどなまえ》がつくとその技《わざ》はずっとその名《な》で呼《よ》ばれるので、選手《せんしゅ》にとっては大変名誉《たいへんめいよ》なことになる。

健三《けんぞう》の名前《なまえ》は2013年《ねん》の世界選手権《せかいせんしゅけん》で合計《ごうけい》3つの技《わざ》につけられた。

1：「シライ／ニュエン（ゆかの後方伸身宙返《こうほうしんしんちゅうがえ》り4回《かい》ひねり）」

2：「シライ2（ゆかの前方伸身宙返《ぜんぽうしんしんちゅうがえ》り3回《かい》ひねり）」

3：「シライ／キムヒフン（跳馬《ちょうば》の伸身《しんしん》ユルチェンコ3回《かい》ひねり）」

どれも非常《ひじょう》に難《むずか》しい技《わざ》だ。国際体操連盟《こくさいたいそうれんめい》のブッチャー委員長《いいんちょう》は、「17歳《さい》で3つの新《あたら》しい技《わざ》に自分《じぶん》の名前《なまえ》がついた選手《せんしゅ》を見《み》たのは、初《はじ》めて。彼《かれ》の未来《みらい》は明《あか》るい」とほめたたえた。世界選手権《せかいせんしゅけん》での大活躍《だいかつやく》で、健三《けんぞう》には世界中《せかいじゅう》のメディアからの取材《しゅざい》が殺到《さっとう》した。

けれども、健三自身《けんぞうじしん》はまったく浮《う》かれていなかった。

「技《わざ》に自分《じぶん》の名前《なまえ》がつくのはもちろんうれしいけれど、そんなに驚《おどろ》いてはいません」

なぜなのだろう。

「僕《ぼく》はもともとひねり技《わざ》が得意《とくい》でした。だから、自分《じぶん》ではビックリしてません。世界選手《せかいせんしゅ》権《けん》で得意《とくい》な技《わざ》をやったら、周《まわ》りがビックリしていた。ただそれだけなのです」

健三《けんぞう》は、子《こ》どものころから得意《とくい》だったことを一生懸命《いっしょうけんめい》に練習《れんしゅう》して世界一《せかいいち》になった。得意《とくい》なことだから好《す》きになれた。好《す》きなことだから頑張《がんば》ることができた。その結果《けっか》の金《きん》メダルだった。

失敗《しっぱい》を繰《く》り返《かえ》した先《さき》にしか成功《せいこう》はない

アトランタオリンピックが終《お》わった直後《ちょくご》の1996年《ねん》8月《がつ》24日《か》、健三《けんぞう》は、元体操選手《もとたいそうせんしゅ》である父《ちち》・勝晃《まさあき》さんと母《はは》・徳美《のりみ》さんとの間《あいだ》に生《う》まれた。6歳上《さいうえ》と3歳上《さいうえ》のお兄《にい》さんを持《も》つ三《さん》男坊《なんぼう》だった。

健三《けんぞう》の家《いえ》は、お父《とう》さんもお母《かあ》さんも学校《がっこう》の体育《たいいく》の先生《せんせい》をしていた。そして、授業《じゅぎょう》が終《お》わった後《あと》の放課後《ほうかご》は、学校《がっこう》の体育館《たいいくかん》で体操教室《たいそうきょうしつ》を開《ひら》いていた。

健三《けんぞう》はまだおむつをつけていたころから、お兄《にい》さんたちと一緒《いっしょ》に体育館《たいいくかん》に連《つ》れられていき、フロアの隅《すみ》っこの方《ほう》で遊《あそ》んでいた。体育館《たいいくかん》が遊《あそ》び場《ば》だった。

体操《たいそう》を始《はじ》めたのは3歳《さい》くらい。幼《おさな》いころはトランポリンの上《うえ》で跳《と》びはねながら遊《あそ》び、気《き》がつけばトランポリンの上《うえ》で眠《ねむ》っているような子《こ》どもだった。健三《けんぞう》にとって体操《たいそう》は習《なら》い事《ごと》ではなく、遊《あそ》びだった。

初《はじ》めて大会《たいかい》に出《で》たのは5歳《さい》のときだ。お兄《にい》さんたちが横浜市《よこはまし》のジュニア選手権《せんしゅけん》に出《で》ることになり、毎日練習《まいにちれんしゅう》をしていると、健三《けんぞう》は「僕《ぼく》も出《で》たい」とお父《とう》さんに言《い》った。けれども、大会《たいかい》に出場《しゅつじょう》できるのは6歳以上《さいいじょう》と決《き》まっていて、5歳《さい》の子《こ》は出《で》られない。

「健三《けんぞう》はまだ小《ちい》さいから無理《むり》だよ」

お父《とう》さんがそう言《い》うと、健三《けんぞう》は「そんなのイヤだ。どうして出《で》られないの？　僕《ぼく》は絶対《ぜったい》に出《で》たい」と駄々《だだ》をこね、しまいには泣《な》き出《だ》してしまった。

健三《けんぞう》があまりに泣《な》きやまないものだから、大会《たいかい》の会長《かいちょう》さんが特別《とくべつ》に6歳《さい》の部《ぶ》に出《で》ることをゆるしてくれた。ただしそのかわりに順位《じゅんい》はつかないことになった。

ところが、試合《しあい》が始《はじ》まると、健三《けんぞう》は大人《おとな》がビックリするようなうまさを見《み》せた。ゆか運《うん》動《どう》で倒立《とうりつ》からの前転《ぜんてん》や、側転《そくてん》からのバック転《てん》を次々《つぎつぎ》と成功《せいこう》させてしまった。演技《えんぎ》の流《なが》れを教《おそ》わったことなどなかったのに、周《まわ》りの選手《せんしゅ》たちを見《み》ているうちに自然《しぜん》と動《うご》きを覚《おぼ》え、まねすることができたのだ。

こうして発表《はっぴょう》された点数《てんすう》は、1位《い》の選手《せんしゅ》の次《つぎ》に高《たか》かった。年齢《ねんれい》が幼《おさな》く、特別参加《とくべつさんか》だったことで順位《じゅんい》がつかなかったが、実際《じっさい》は6歳《さい》の部《ぶ》で2番目《ばんめ》によい点数《てんすう》だった。

すると今度《こんど》は、2番《ばん》なのにメダルや賞状《しょうじょう》がもらえないことが理解《りかい》できず、また泣《な》いた。

「その大会《たいかい》のことは小《ちい》さかったのであまり覚《おぼ》えていません。泣《な》いていたことも後《あと》で母《はは》から聞《き》いて知《し》りました。とにかく兄《あに》たちと一緒《いっしょ》のことをやりたかったんですね」

こうして、健三《けんぞう》の初《はじ》めての大会《たいかい》は涙《なみだ》で終《お》わった。

お兄《にい》さんたちとは年《とし》が離《はな》れていたため、ケンカをするようなことはなかった。お兄《にい》さんたちも体操《たいそう》をやっていたのだが、同《おな》じ大会《たいかい》に出《で》ても年齢別《ねんれいべつ》に分《わ》かれるため、一緒《いっしょ》のクラスになることはなかった。そもそも自分《じぶん》よりもうますぎて、まったく手《て》が届《とど》かなかったから、追《お》いつきたいと思《おも》うことはなかった。

小学校《しょうがっこう》に上《あ》がった健三《けんぞう》は、２年生《ねんせい》になると、お父《とう》さんとお母《かあ》さんの母校《ぼこう》である日本体育《にほんたいいく》大学《だいがく》（日体大《にったいだい》）の先生《せんせい》がつくったジュニア育成《いくせい》プロジェクトである「日体《にったい》スワロークラブ」に通《かよ》うようになった。

最初《さいしょ》は広《ひろ》い体育館《たいいくかん》の中《なか》で大勢《おおぜい》の年上《としうえ》の選手《せんしゅ》たちが練習《れんしゅう》しているのを見《み》て、「こんなに大《おお》きな体育館《たいいくかん》でやるのはイヤだな。僕《ぼく》はそこまでやる気《き》もないのにな」と思《おも》い、そこへ行《い》くのを嫌《いや》がった。しかし、電車《でんしゃ》やバスに乗《の》って何度《なんど》か通《かよ》っているうちに、だんだんと面白《おもしろ》くなってきた。

体操仲間《たいそうなかま》たちと一緒《いっしょ》に過《す》ごす時間《じかん》、教《おし》え方《かた》がユニークで面白《おもしろ》い先生《せんせい》たち。気《き》づいたときは、もう、体育館《たいいくかん》に行《い》くのが楽《たの》しくなっていた。

初《はじ》めて練習《れんしゅう》で「技《わざ》」が決《き》まったときのことはしっかり覚《おぼ》えている。小学《しょうがく》２、３年生《ねんせい》のころのことだ。鉄棒《てつぼう》にぶら下《さ》がり、スイングしながら手《て》を離《はな》し、1回宙返《かいちゅうがえ》りでおりる技《わざ》が、健三《けんぞう》にとっての最初《さいしょ》の「体操《たいそう》の技《わざ》」だった。

いつもはコーチに補助《ほじょ》についてもらってやるのだが、ある日《ひ》突然《とつぜん》、勇気《ゆうき》がメラメラ湧《わ》き上《あ》がってきた健三《けんぞう》は、「1人《り》で行《い》きます！」とコーチに言《い》った。

ポーンと鉄棒《てつぼう》に飛《と》びつき、そして、スイングからの宙返《ちゅうがえ》り。だが、1回目《かいめ》の挑戦《ちょうせん》は残念《ざんねん》ながら失敗《しっぱい》した。しかも足《あし》をぶつけてしまう。立《た》つこともできない痛《いた》みに健三《けんぞう》は涙《なみだ》を流《なが》し、コーチに抱《かか》えられ、氷水《こおりみず》の入《はい》ったバケツに足《あし》を突《つ》っ込《こ》んだ。それからしばらくは鉄棒《てつぼう》から手《て》を離《はな》すのが怖《こわ》くなってしまった。

ところがそれから何日《なんにち》かたったある日《ひ》、みんなと順番《じゅんばん》に鉄棒《てつぼう》にぶら下《さ》がっていると、不思議《ふしぎ》なことにふたたび勇気《ゆうき》が湧《わ》いてきた。

思《おも》い切《き》って1人《ひとり》で挑戦《ちょうせん》すると、今度《こんど》は成功《せいこう》した。

「やった！　宙返《ちゅうがえ》りができた！」

この成功《せいこう》には大《おお》きな価値《かち》があった。失敗《しっぱい》の怖《こわ》さを乗《の》り越《こ》えてできたからだ。健三《けんぞう》の胸《むね》の中《なか》で初《はじ》めて「自信《じしん》」というものが沸《わ》き上《あ》がってきた瞬間《しゅんかん》だった。

技《わざ》を成功《せいこう》させるうれしさを知《し》った後《あと》の健三《けんぞう》は、次々《つぎつぎ》といろいろな技《わざ》に挑戦《ちょうせん》し、成功《せいこう》するという喜《よろこ》びを感《かん》じていった。

健三《けんぞう》は今《いま》でも鉄棒《てつぼう》の大車輪《だいしゃりん》が初《はじ》めてできたときのことをよく覚《おぼ》えている。トランポリンで初《はじ》めて4回《かい》ひねりができたことももちろん覚《おぼ》えている。どれも最高《さいこう》にうれしかったから。

「体操教室《たいそうきょうしつ》のみんなで一緒《いっしょ》にトランポリンで跳《と》んだり、一緒《いっしょ》に鉄棒《てつぼう》や円馬《えんば》（子《こ》ども用《よう》のあん馬《ば》の器具《きぐ》）で練習《れんしゅう》したり、みんなで同《おな》じ練習《れんしゅう》をしていました。そういうのがとても楽《たの》しかったんです」

もちろん失敗《しっぱい》もした。鉄棒《てつぼう》から落《お》ちてしまったり、着地《ちゃくち》で足《あし》をひねったり、何度《なんど》も痛《いた》みを味《あじ》わった。

けれども、失敗《しっぱい》しても繰《く》り返《かえ》して挑戦《ちょうせん》することで、いつしか成功《せいこう》にたどり着《つ》いていく。成功《せいこう》したときの喜《よろこ》びは、それまでの痛《いた》みを吹《ふ》き飛《と》ばしてくれるものだった。

体育館《たいいくかん》ではずば抜《ぬ》けた運動能力《うんどうのうりょく》を見《み》せ、体操関係者《たいそうかんけいしゃ》の間《あいだ》で評判《ひょうばん》になっていた健三《けんぞう》だったが、小学校《しょうがっこう》ではごく普通《ふつう》の子《こ》どもで、どちらかというとおとなしい方《ほう》だった。

授業《じゅぎょう》では国語《こくご》が好《す》きで、とくに漢字《かんじ》を書《か》くのが好《す》きだった。苦手《にがて》は算数《さんすう》。そして、性格《せいかく》的《てき》に内気《うちき》なところもある健三《けんぞう》は、グループをつくって話《はな》し合《あ》う授業《じゅぎょう》が苦手《にがて》だった。

「今《いま》はたくさんしゃべるようになっているのですが、子《こ》どものころはすごい人見知《ひとみし》りで、人《ひと》と話《はな》すのが好《す》きではありませんでした」

読書《どくしょ》は苦手《にがて》で、学級委員《がっきゅういいん》になるのもイヤだった。それだけではない。体育《たいいく》の授業《じゅぎょう》で得意《とくい》な体操《たいそう》の見本《みほん》を見《み》せるのも嫌《きら》いだった。目立《めだ》ちたくないという気持《きも》ちが強《つよ》かったのだ。

体操《たいそう》は大好《だいす》きだけど、それ以外《いがい》にはあまり興味《きょうみ》がないのが健三《けんぞう》だった。体《からだ》を動《うご》かすのも、休《やす》み時間《じかん》に鬼《おに》ごっこをするくらいで特別《とくべつ》に活発《かっぱつ》というわけではなかった。

ゲームにもさほどハマらなかった。小《ちい》さいころは、お母《かあ》さんに「布団《ふとん》を敷《し》いたら30分《ぷん》ゲームをやっていいよ」と言《い》われて一生懸命《いっしょうけんめい》に布団《ふとん》を敷《し》いていたが、夢中《むちゅう》になっていた時期《じき》はそれほど長《なが》くなかった。

それでも学校《がっこう》が終《お》わってから日体大《にったいだい》の体育館《たいいくかん》に通《かよ》う電車《でんしゃ》やバスの中《なか》でよくやったのは「レイトン教授《きょうじゅ》」や「ポケモン」シリーズ。アクション系《けい》やシューティング系《けい》ではなく、1人《り》で着々《ちゃくちゃく》と進《すす》めていけるゲームが好《この》みだった。

食《た》べ物《もの》の好《す》き嫌《きら》いは多《おお》かった。野菜《やさい》が苦手《にがて》で、食事《しょくじ》の量《りょう》も少《すく》ない。食《た》べるより飲《の》み物《もの》ばかり飲《の》んでいた。中《なか》でもミルクティーが好《す》きだった。けれども、病気《びょうき》になったことはなく、風邪《かぜ》やインフルエンザにもかからなかった。

学校《がっこう》で内気《うちき》な一面《いちめん》を見《み》せていた健三《けんぞう》は、家《いえ》ではお母《かあ》さんに甘《あま》えていた。

白井家《しらいけ》では家族《かぞく》で毎年《まいとし》どこかに旅行《りょこう》をしていたのだが、温泉旅館《おんせんりょかん》で大浴場《だいよくじょう》に行《い》こうとすると健三《けんぞう》は泣《な》いた。お父《とう》さんとお兄《にい》さんたちが大《おお》きなお風呂《ふろ》に行《い》っても、健三《けんぞう》はお母《かあ》さんと2人《ふたり》で、部屋《へや》についている小《ちい》さいお風呂《ふろ》に入《はい》っていた。

「多分《たぶん》、僕《ぼく》は人前《ひとまえ》が苦手《にがて》だったのだと思《おも》います。だから、子《こ》どものころは両親《りょうしん》にそうとう迷惑《めいわく》をかけてしまいました。せっかく温泉《おんせん》に行《い》っているのに、部屋《へや》のお風呂《ふろ》に入《はい》っていたのだから、お母《かあ》さんには本当《ほんとう》に悪《わる》いことをしたなと思《おも》っています。でもその分《ぶん》、今《いま》は手《て》をかけさせないようにしています。今《いま》、頑張《がんば》って恩返《おんがえ》しをしているところです」

白井家《しらいけ》ではお父《とう》さんもお母《かあ》さんも物《もの》を大事《だいじ》に使《つか》っていた。その姿《すがた》を見《み》て育《そだ》ったせいか、健三《けんぞう》も1つの物《もの》を長《なが》く使《つか》う性格《せいかく》だ。大切《たいせつ》にしすぎて、周《まわ》りの人《ひと》には「新《あたら》しいのを買《か》えばいいのに」と言《い》われることもあるくらいだ。

たとえば実家《じっか》で今《いま》も使《つか》っているのが、3歳《さい》ごろから使《つか》っているアンパンマンのコップ。アルバムを開《ひら》くと、3歳《さい》、4歳《さい》ごろの誕生《たんじょう》パーティーの写真《しゃしん》にうつっている。アンパンマンのイラストはもうはげていて顔《かお》が見《み》えないくらいだが、健三《けんぞう》にとっては今《いま》もお気《き》に入《い》りのコップだ。

好《す》きなものを長《なが》く使《つか》い続《つづ》けるのは、好《す》きな体操《たいそう》をずっとやり続《つづ》けている気持《きも》ちと重《かさ》なるところがあると、健三《けんぞう》は感《かん》じている。

12歳《さい》。体操《たいそう》が楽《たの》しくなくなった

遊《あそ》び感覚《かんかく》から気持《きも》ちが変化《へんか》し、競技《きょうぎ》としての体操《たいそう》を楽《たの》しいと感《かん》じるようになったのは中《ちゅう》学年《がくねん》のころだった。

それまでは公園《こうえん》で遊《あそ》ぶのと、体操《たいそう》をやっているのが、健三《けんぞう》にとっては同《おな》じようなことだった。学校《がっこう》の休《やす》み時間《じかん》にドッジボールをしているような気持《きも》ちで、放課後《ほうかご》には体育館《たいいくかん》に行《い》っていた。体操《たいそう》の練習《れんしゅう》をしているという気持《きも》ちではなかった。

そんな健三《けんぞう》が、体操《たいそう》を遊《あそ》びではなく競技《きょうぎ》としてやっているのだと感《かん》じたのは4年生《ねんせい》のときだった。地区《ちく》の予選《よせん》、地区《ちく》の決勝《けっしょう》、さらには全国大会《ぜんこくたいかい》と勝《か》ち進《すす》んでいく大会《たいかい》に初《はじ》めて出《で》たからだ。

それは「東日本《ひがしにほん》ジュニア選手権《せんしゅけん》」という大会《たいかい》だった。この大会《たいかい》で上位《じょうい》に入《はい》ると全国各地《ぜんこくかくち》のジュニア選手《せんしゅ》が集《あつ》まる「全日本《ぜんにほん》ジュニア選手権《せんしゅけん》」に出《で》られる。

このときの健三《けんぞう》は予選落《よせんお》ちという結果《けっか》に終《お》わったが、大会《たいかい》に出《で》るという緊張感《きんちょうかん》の楽《たの》しさを知《し》った。次《つぎ》もまたやってみたいと思《おも》えるような感覚《かんかく》だった。

5年生《ねんせい》、6年生《ねんせい》になると、大会《たいかい》での成績《せいせき》もどんどん良《よ》くなっていった。

そんなある日《ひ》のこと、健三《けんぞう》は学生選手《がくせいせんしゅ》に体育館《たいいくかん》の中《なか》で声《こえ》をかけられた。

当時《とうじ》、日体大《にったいだい》の学生《がくせい》だった内村航平選手《うちむらこうへいせんしゅ》だ。内村選手《うちむらせんしゅ》は健三《けんぞう》が6年生《ねんせい》だった2008年《ねん》8月《がつ》の北京《ペキン》オリンピックで、団体銀《だんたいぎん》メダルと個人総合銀《こじんそうごうぎん》メダルを獲得《かくとく》し、11月《がつ》の全日本選手権《ぜんにほんせんしゅけん》でも優勝《ゆうしょう》した。

日本一《にほんいち》であり、世界《せかい》でもトップクラスになっていた内村選手《うちむらせんしゅ》は、トランポリンの上《うえ》ですごいひねり技《わざ》をポンポンとやっている健三《けんぞう》を見《み》て驚《おどろ》いていた。そして、こう言《い》った。

「きみはとってもひねりが上手《じょうず》だね。19歳《さい》か20歳《はたち》になったら僕《ぼく》と一緒《いっしょ》にオリンピックに出《で》よう」

オリンピックでメダルを取《と》った選手《せんしゅ》に声《こえ》をかけてもらった健三《けんぞう》は、うれしくて舞《ま》い上《あ》がるような気持《きも》ちになった。そして、小《しょう》6の卒業文集《そつぎょうぶんしゅう》の将来《しょうらい》の夢《ゆめ》には「オリンピックで金《きん》メダル」と書《か》いた。

けれども、楽《たの》しいことばかりが続《つづ》いたわけではない。

12歳《さい》になってから半年《はんとし》あまりが過《す》ぎ、中《ちゅう》1になると、それまで楽《たの》しかった体操《たいそう》が急《きゅう》につまらなくなっていった。

男子《だんし》の体操《たいそう》では、体《からだ》が大《おお》きくなり始《はじ》める12歳《さい》のころから、将来《しょうらい》のことを考《かんが》えて、強《つよ》い選《せん》手《しゅ》になるための基礎練習《きそれんしゅう》が増《ふ》えていく。同《おな》じことを何度《なんど》も何度《なんど》も繰《く》り返《かえ》す地味《じみ》な練習《れんしゅう》だ。しかも、どの練習《れんしゅう》メニューも力《ちから》がいるのできつい。

このころの健三《けんぞう》は、練習《れんしゅう》をサボることもあった。お父《とう》さんとお母《かあ》さんには練習《れんしゅう》へ行《い》っていることにしていたが、実際《じっさい》は日体大《にったいだい》の体育館《たいいくかん》へ行《い》かず、ブラブラと遊《あそ》んで時間《じかん》をつぶすこともあった。

このとき、健三《けんぞう》が練習《れんしゅう》にまじめに取《と》り組《く》んでいないことを見抜《みぬ》いていたのが内村選手《うちむらせんしゅ》だ。

「もう少《すこ》しちゃんと練習《れんしゅう》しないと伸《の》びていかないよ」

健三《けんぞう》の耳《みみ》に、内村選手《うちむらせんしゅ》の言葉《ことば》が響《ひび》いてきた。

「一緒《いっしょ》にオリンピックに出《で》よう」と言《い》ってもらったうれしさで頑張《がんば》っていたのに、いつのまにかちゃんと練習《れんしゅう》しなくなっていたことを指摘《してき》され、「これではいけない」という気持《きも》ちが芽生《めば》えてきた。

練習《れんしゅう》に熱《ねつ》が入《はい》らなかった原因《げんいん》は地味《じみ》な基礎練習《きそれんしゅう》だけが原因《げんいん》ではなかった。

健三《けんぞう》は6年生《ねんせい》のときに全日本《ぜんにほん》ジュニア選手権《せんしゅけん》で全国上位《ぜんこくじょうい》に入《はい》り、ジュニアのナショナル強化選手《きょうかせんしゅ》に選《えら》ばれたのだが、その後《ご》の1年間《ねんかん》は成績《せいせき》が伸《の》び悩《なや》んでしまい、中《ちゅう》1ではナショナル強化選手《きょうかせんしゅ》に入《はい》れなかったのだ。

「6年生《ねんせい》で一度《いちど》ナショナルに入《はい》ったという意地《いじ》が自分《じぶん》の中《なか》にあったんだと思《おも》います。それなのに、中《ちゅう》1では落《お》ちた。だから悔《くや》しかったんだと思《おも》います」

12歳《さい》。健三《けんぞう》は初《はじ》めての「壁《かべ》」を感《かん》じていた。

単調《たんちょう》な基礎練習《きそれんしゅう》を繰《く》り返《かえ》すつまらなさや、ナショナルメンバーから落《お》ちた悔《くや》しさから、一時《いちじ》はやる気《き》を失《うしな》うことまであった健三《けんぞう》が、心《こころ》から体操《たいそう》を楽《たの》しいと思《おも》えるようになったのは、中《ちゅう》2のときだった。

ちょうど、お父《とう》さんが自分《じぶん》で体育館《たいいくかん》を建《た》てて、「鶴見《つるみ》ジュニア体操《たいそう》クラブ」をつくったときだ。そこには、お父《とう》さんがアイデアを出《だ》して特別《とくべつ》につくってもらったアメリカ製《せい》のトランポリンがあった。

縦《たて》に細長《ほそなが》い形《かたち》で、ゆか運動《うんどう》で助走《じょそう》するのと同《おな》じように走《はし》ってから、トランポリンのバネの力《ちから》を借《か》りることで楽《らく》に跳《と》び上《あ》がり、ひねったり、回転《かいてん》したりできる。

それに、お父《とう》さんの考《かんが》えたトランポリンは普通《ふつう》のトランポリンよりバネを弱《よわ》くしていたので、あまり跳《は》ねすぎることなく、ゆか運動《うんどう》に近《ちか》い感覚《かんかく》で技《わざ》の練習《れんしゅう》をすることができた。

健三《けんぞう》はこのトランポリンが大《だい》のお気《き》に入《い》りだった。

1回《かい》ひねり、2回《かい》ひねり、3回《かい》ひねり、4回《かい》ひねり……。ゆか運動《うんどう》のマットの上《うえ》では練《れん》習《しゅう》できないレベルの技《わざ》でも、トランポリンの上《うえ》でならできる。

お父《とう》さんが「タントラ（タンブリング・トラックの略《りゃく》）」と名付《なづ》けたこの特製器具《とくせいきぐ》を使《つか》っ

ていたことで、健三《けんぞう》は誰《だれ》にもまねできない空中感覚《くうちゅうかんかく》を身《み》につけていった。

跳馬《ちょうば》の練習《れんしゅう》もユニークだった。お父《とう》さんが最初《さいしょ》に建《た》てた体育館《たいいくかん》はあまり広《ひろ》くなかったため、跳馬《ちょうば》の練習《れんしゅう》をするときは玄関《げんかん》を開《あ》けて外《そと》から助走《じょそう》を開始《かいし》しなければならなかった。だから、跳馬《ちょうば》の練習時間《れんしゅうじかん》が始《はじ》まると、近所《きんじょ》の大人《おとな》たちが外《そと》に出《で》て来《き》て、まるで試合《しあい》のお客《きゃく》さんのように見《み》てくれた。

健三《けんぞう》はそんな視線《しせん》を心地《ここち》よく感《かん》じながら、のびのびと練習《れんしゅう》に明《あ》け暮《く》れる毎日《まいにち》を送《おく》った。

そして、もう1人《ひとり》、健三《けんぞう》に体操《たいそう》の楽《たの》しさをふたたび取《と》り戻《もど》させてくれた人物《じんぶつ》がいた。水口晴雄《みずぐちはるお》コーチだ。水口《みずぐち》コーチには、ジュニアナショナル強化合宿《きょうかがっしゅく》のころに指導《しどう》を受《う》けたことがあった。

最初《さいしょ》は怖《こわ》いイメージがあったので、ちょっとイヤな感《かん》じがしたというが、鶴見《つるみ》ジュニア体操《たいそう》クラブで教《おし》えてもらうようになると、その考《かんが》えはすべて吹《ふ》き飛《と》んでいった。

水口《みずぐち》コーチの教《おし》え方《かた》は、まずは体操《たいそう》を楽《たの》しむというところから始《はじ》まった。

それまでつらい基礎練習《きそれんしゅう》の反復《はんぷく》に気持《きも》ちがめげていた健三《けんぞう》だが、水口《みずぐち》コーチが好《す》きなことをやらせてくれるので、次第《しだい》にモチベーションが上《あ》がっていった。

体操《たいそう》では、演技《えんぎ》にどんな技《わざ》を入《い》れるかは、基本的《きほんてき》に自分《じぶん》たちで決《き》めることができる。健《けん》三《ぞう》のために水口《みずぐち》コーチが考《かんが》えた演技構成《えんぎこうせい》は大人《おとな》でも難《むずか》しい内容《ないよう》だったが、その難《むずか》しさもまた、やる気《き》を起《お》こさせてくれた。

「僕《ぼく》は水口先生《みずぐちせんせい》と出会《であ》ってからは、一度《いちど》も自分《じぶん》から練習《れんしゅう》をサボったことはありません。けれども、やらなきゃいけないという感《かん》じがあったわけでもなく、自発的《じはってき》に練習《れんしゅう》に行《い》きたくて行《い》っていたのです」

自分《じぶん》の意思《いし》で練習《れんしゅう》に取《と》り組《く》むようになった健三《けんぞう》は、一気《いっき》に成長《せいちょう》した。

そして、「白井健三《しらいけんぞう》」の名前《なまえ》が新聞《しんぶん》にバーンと出《で》たのは、水口《みずぐち》コーチの指導《しどう》を受《う》けるようになってから2年後《ねんご》の2011年《ねん》のことだった。

中《ちゅう》3の健三《けんぞう》は、全日本種目別選手権《ぜんにほんしゅもくべつせんしゅけん》のゆか運動《うんどう》に出場《しゅつじょう》し、優勝《ゆうしょう》した内村航平選手《うちむらこうへいせんしゅ》に続《つづ》く2位《い》になった。

男子体操《だんしたいそう》で15歳《さい》の選手《せんしゅ》が2位《い》になるのは普通《ふつう》なら考《かんが》えられないことだった。健三《けんぞう》は3回《かい》半《はん》ひねりなど、たくさんの大技《おおわざ》を全部成功《ぜんぶせいこう》させて、見《み》ている人《ひと》たちや、採点《さいてん》する審判《しんぱん》を驚《おどろ》かせていた。

それから先《さき》はトントン拍子《びょうし》で進《すす》んでいった。世界《せかい》の誰《だれ》もやっていない技《わざ》をどんどん練習《れんしゅう》していった。

17歳《さい》で出《で》た2013年《ねん》の世界選手権《せかいせんしゅけん》で3つの新《あたら》しい技《わざ》を成功《せいこう》させて自分《じぶん》の名前《なまえ》がついた健三《けんぞう》は、2015年《ねん》の豊田国際体操競技大会《とよたこくさいたいそうきょうぎたいかい》のゆか運動《うんどう》で、また新《あら》たに世界初《せかいはつ》の大技《おおわざ》を成《せい》功《こう》させた。

「伸身《しんしん》リ・ジョンソン」という技《わざ》で、体《からだ》を伸《の》ばしたまま空中《くうちゅう》で2回転《かいてん》と3回《かい》ひねりを同時《どうじ》にやる、とても難《むずか》しい技《わざ》だ。これには「シライ3」という名前《なまえ》がつき、「シライ」とつく技《わざ》は合計《ごうけい》4つになった。

『ガンバ！　Fly《フライ》　high《ハイ》』でもらった夢《ゆめ》

体操《たいそう》の面白《おもしろ》さの1つとしてあげられるのが、創造《そうぞう》へのチャレンジだ。

けれども健三《けんぞう》にとっては、技《わざ》を生《う》み出《だ》して自分《じぶん》の名前《なまえ》をつけることは目的《もくてき》ではない。どんな演技《えんぎ》をするかは自分自身《じぶんじしん》で決《き》めることができるが、「後方《こうほう》4回《かい》ひねり」や「前方《ぜんぽう》3回《かい》ひねり」という難《むずか》しい技《わざ》を入《い》れるのは、勝《か》つために必要《ひつよう》だと考《かんが》えているからだ。

勝《か》ったごほうびとして技《わざ》に名前《なまえ》がついてくるという感覚《かんかく》なのだ。

だから、自分《じぶん》の名前《なまえ》がついた技《わざ》をほかの選手《せんしゅ》がやってくれることも、すごくうれしいと思《おも》っている。

そして健三《けんぞう》には、ただやみくもに難《むずか》しい技《わざ》を人前《ひとまえ》で披露《ひろう》しようという考《かんが》えはない。練習《れんしゅう》に練習《れんしゅう》を重《かさ》ねて習得《しゅうとく》した技《わざ》でも、試合《しあい》の中《なか》で使《つか》うとなると、そう簡単《かんたん》には成功《せいこう》しないものだし、団体戦《だんたいせん》で失敗《しっぱい》すると周《まわ》りの選手《せんしゅ》の迷惑《めいわく》になってしまうからだ。

健三《けんぞう》はリオデジャネイロオリンピックの出場選手《しゅつじょうせんしゅ》を決《き》める大会《たいかい》では、一番難《いちばんむずか》しい「シライ3」をやらなかった。本当《ほんとう》はやってみたいという気持《きも》ちもあるのだが、オリンピックの団体戦《だんたいせん》を想定《そうてい》して演技《えんぎ》しようと考《かんが》えていたので、失敗《しっぱい》するわけにはいかない。確実《かくじつ》に成功《せいこう》できる技《わざ》を選《えら》ぶのも、体操選手《たいそうせんしゅ》としての役割《やくわり》なのである。

健三《けんぞう》は今《いま》、毎日《まいにち》がとても充実《じゅうじつ》していると感《かん》じている。

できない技《わざ》に挑戦《ちょうせん》して成功《せいこう》させる楽《たの》しさ。できている技《わざ》をより美《うつく》しく仕上《しあ》げていく楽《たの》しさ。演技構成《えんぎこうせい》の中《なか》にその技《わざ》を組《く》み込《こ》んでいく楽《たの》しさ。毎日《まいにち》の練習《れんしゅう》の中《なか》で、いろいろな発見《はっけん》ができるのが体操《たいそう》のよいところだ。

そして、体操選手《たいそうせんしゅ》のすばらしさの1つに、ライバルであるトップ選手同士《せんしゅどうし》が、お互《たが》いを認《みと》め合《あ》っているというところがある。

全日本選手権《ぜんにほんせんしゅけん》では1人《ひとり》の演技《えんぎ》が終《お》わるたびに、同《おな》じ組《くみ》でまわっている選手同士《せんしゅどうし》が軽《かる》くハイタッチしている姿《すがた》を必《かなら》ず見《み》る。日本人同士《にほんじんどうし》だけではない。オリンピックや世界選手権《せかいせんしゅけん》ではメダル争《あらそ》いをする外国《がいこく》のライバルたちとも握手《あくしゅ》をしたり、声《こえ》をかけたり、手《て》を合《あ》わせたりしている。

大学生《だいがくせい》になってからは、先生《せんせい》や先輩《せんぱい》、同級生《どうきゅうせい》などからいろいろなアドバイスをもらうという喜《よろこ》びも増《ふ》えた。

日体大《にったいだい》は部員《ぶいん》の数《かず》が多《おお》く、全国各地《ぜんこくかくち》からいろんな学生《がくせい》が集《あつ》まってきている。そして、誰《だれ》もが「もっと上手《じょうず》になりたい」「もっとよい成績《せいせき》を収《おさ》めたい」と一生懸命《いっしょうけんめい》に練習《れんしゅう》している。そういう仲間《なかま》が大勢《おおぜい》いる中《なか》で、レベルの高《たか》い練習《れんしゅう》ができているのが楽《たの》しいのだ。

健三《けんぞう》は子《こ》どものころに大好《だいす》きだったマンガの『ガンバ！　Fly《フライ》　high《ハイ》』（小学館《しょうがくかん》）を今《いま》でも思《おも》い出《だ》す。実家《じっか》には単行本《たんこうぼん》が全巻《ぜんかん》そろっているし、アニメのビデオも見《み》た。

たくさん刺激《しげき》を受《う》けたマンガだ。

「『ガンバ！　Ｆｌｙ《フライ》　ｈｉｇｈ《ハイ》』からはたくさんの夢《ゆめ》をもらいました。特《とく》に大学生《だいがくせい》になった今《いま》、感《かん》じているのは、自分《じぶん》の中《なか》に好奇心《こうきしん》やハングリー精神《せいしん》があるからこそ面白《おもしろ》いのだということです。登場人物《とうじょうじんぶつ》の内田君《うちだくん》が跳馬《ちょうば》の大技《おおわざ》である『ローチェ』を跳《と》んだときや、最後《さいご》に藤巻君《ふじまきくん》が自分《じぶん》の名前《なまえ》を技《わざ》につけたシーンなどは、そう思《おも》わせてくれます」

体操競技《たいそうきょうぎ》は、高校生《こうこうせい》までにどんどん技《わざ》を覚《おぼ》えていき、社会人《しゃかいじん》では身《み》につけた技《わざ》をきれいに整《ととの》えて、丸《まる》くおさめていくという流《なが》れがある。

高校生《こうこうせい》と社会人《しゃかいじん》の中間《ちゅうかん》である大学生《だいがくせい》は、新《あたら》しい技《わざ》を覚《おぼ》えるのをやめて、演技《えんぎ》の成熟度《せいじゅくど》を上《あ》げていこうとする選手《せんしゅ》もいれば、さらに難《むずか》しい技《わざ》を入《い》れて、もっと攻《せ》めていこうという選手《せんしゅ》もいる。

そして健三《けんぞう》は、難《むずか》しい技《わざ》に挑戦《ちょうせん》していくことによってこそ、自分《じぶん》が成長《せいちょう》できるのではないかと考《かんが》えている。乗《の》り越《こ》えなければいけない技《わざ》があるから頑張《がんば》れると思《おも》っているのだ。

健三《けんぞう》が考《かんが》えている体操競技《たいそうきょうぎ》とは、「個性《こせい》を輝《かがや》かせてくれる競技《きょうぎ》」である。

ゆか運動《うんどう》、あん馬《ば》、つり輪《わ》、跳馬《ちょうば》、平行棒《へいこうぼう》、鉄棒《てつぼう》。それぞれ特性《とくせい》の違《ちが》う６つの器具《きぐ》を使《つか》い、技《わざ》の種類《しゅるい》もとても多《おお》い。選手《せんしゅ》はその中《なか》で、自分《じぶん》の得意《とくい》な部分《ぶぶん》を出《だ》しながら勝負《しょうぶ》していく。それは自分《じぶん》を試《ため》す場所《ばしょ》でもある。

技《わざ》の種類《しゅるい》だけではない。難《むずか》しさで点《てん》を上《あ》げようとする選手《せんしゅ》もいれば、美《うつく》しさで点《てん》を伸《の》ばそうとする選手《せんしゅ》もいる。どちらを選《えら》ぶかも選手《せんしゅ》それぞれの考《かんが》え方次第《かたしだい》。体操《たいそう》は、自分《じぶん》のよさを引《ひ》き出《だ》してくれる競技《きょうぎ》、誰《だれ》にでもチャンスがある競技《きょうぎ》なのである。

小学生《しょうがくせい》のころの健三《けんぞう》は、けっして毎日《まいにち》すべてをまじめに練習《れんしゅう》していたわけではなかったが、今《いま》になって思《おも》えば、それも悪《わる》くなかったと感《かん》じている。

「サボったりもしていたのですが、逆《ぎゃく》にそれも良《よ》かった。なぜかというと、サボっていたからこそ、今《いま》も飽《あ》きずにやれていますし、やることが尽《つ》きないのだと思《おも》います。小学生《しょうがくせい》のころからやりすぎていたら、今《いま》はもう飽《あ》きているかもしれません。まだまだ伸《の》びていけると思《おも》うからこそ、今《いま》が楽《たの》しい。ですから、サボったこともありましたが、12歳《さい》のときに関《かん》して、後悔《こうかい》することはありません」

無理《むり》にイヤなことをやり続《つづ》けることはない。やりたいと思《おも》えることを、やりたいと思《おも》えるときに頑張《がんば》るのがよいのだ。

初《はじ》めて出《で》た２０１３年《ねん》の世界選手権《せかいせんしゅけん》と15年《ねん》の世界選手権《せかいせんしゅけん》のゆか運動《うんどう》で金《きん》メダルを手《て》にした健三《けんぞう》だが、その間《かん》の２０１４年《ねん》は苦《くる》しい1年《ねん》だった。

6月《がつ》の関東大会《かんとうたいかい》の直前《ちょくぜん》に右足首《みぎあしくび》を痛《いた》めてしまったのだ。ケガは骨挫傷《こつざしょう》という重《おも》いもので、腱《けん》も切《き》れていた。ケガの少《すく》ない健三《けんぞう》には珍《めずら》しいことだった。

普通《ふつう》なら試合《しあい》に出《で》られる状態《じょうたい》ではなかったが、それでも健三《けんぞう》は「出《で》る」と言《い》った。高校生最後《こうこうせいさいご》のインターハイの団体戦《だんたいせん》に、岸根高校《きしねこうこう》のチームメートみんなで出《で》るためには、神奈川県高校総体《かながわけんこうこうそうたい》で健三《けんぞう》が活躍《かつやく》することが不可欠《ふかけつ》だった。

一生懸命《いっしょうけんめい》に治療《ちりょう》をしてどうにか神奈川県高校総体《かながわけんこうこうそうたい》に間《ま》に合《あ》わせた健三《けんぞう》は、技《わざ》のレベルを落《お》とさなければならなかったが、チームのインターハイ出場《しゅつじょう》に貢献《こうけん》した。大切《たいせつ》な仲間《なかま》と一緒《いっしょ》に全国《ぜんこく》で戦《たたか》うという目標《もくひょう》を叶《かな》え、健三《けんぞう》はとびきりの笑顔《えがお》を見《み》せた。

その後《あと》の世界選手権《せかいせんしゅけん》に出場《しゅつじょう》するための国内大会《こくないたいかい》も頑張《がんば》って乗《の》りきり、日本代表入《にほんだいひょうい》りを決《き》めた。10月《がつ》に中国《ちゅうごく》の南寧《なんねい》という都市《とし》で行《おこな》われた世界選手権《せかいせんしゅけん》では、ケガの影響《えいきょう》であまり練習《れんしゅう》ができなかったことが響《ひび》いて本調子《ほんちょうし》ではなかったが、ゆか運動《うんどう》の銀《ぎん》メダルは死守《ししゅ》した。

このとき、健三《けんぞう》はケガのことをいっさい言《い》い訳《わけ》にしなかった。結果《けっか》に出《で》たことがすべてだという強《つよ》い気持《きも》ちがあった。

２０１５年《ねん》は、お父《とう》さんやお母《かあ》さんの母校《ぼこう》であり、２人《ふたり》のお兄《にい》さんも通《かよ》った日体大《にったいだい》に進《すす》んだ。そこでは畠田好章監督《はたけだよしあきかんとく》に出会《であ》った。

畠田監督《はたけだかんとく》は内村選手《うちむらせんしゅ》を教《おし》えていたこともある。健三《けんぞう》は畠田監督《はたけだかんとく》から、「いつか６種目《しゅもく》で争《あらそ》う個人総合《こじんそうごう》で、航平選手《こうへいせんしゅ》を超《こ》えられるように頑張《がんば》ろう」と言《い》われている。

健三《けんぞう》は「限界《げんかい》をつくらず、いろいろなことに挑戦《ちょうせん》させてくれる畠田先生《はたけだせんせい》が僕《ぼく》をさらに成長《せいちょう》させてくれている」と感謝《かんしゃ》している。

右足首《みぎあしくび》のケガがすっかり治《なお》った２０１５年《ねん》の世界選手権《せかいせんしゅけん》では、健三《けんぞう》はゆか運動《うんどう》で金《きん》メダルを奪還《だっかん》した。２年《ねん》ぶりの世界一《せかいいち》だった。

個人種目《こじんしゅもく》だけではない。それ以上《いじょう》にうれしかったのが、内村選手《うちむらせんしゅ》と一緒《いっしょ》に団体《だんたい》で37年《ねん》ぶりの金《きん》メダルを手《て》にしたことだ。

健三《けんぞう》は６人《にん》のメンバーがそれぞれ全力《ぜんりょく》で演技《えんぎ》をする中《なか》、ゆか運動《うんどう》と跳馬《ちょうば》できっちり高得点《こうとくてん》を出《だ》し、チームに貢献《こうけん》した。仲間《なかま》と力《ちから》を合《あ》わせて団体金《だんたいきん》メダルを手《て》にしたことは、格別《かくべつ》の喜《よろこ》びだった。

健三《けんぞう》は日体大《にったいだい》に入学《にゅうがく》したのと同時《どうじ》に、18年間育《ねんかんそだ》ててもらった実家《じっか》を離《はな》れ、今《いま》は大学《だいがく》の体操競技部《たいそうきょうぎぶ》の寮《りょう》で生活《せいかつ》をしている。

親元《おやもと》を離《はな》れたことで、健三《けんぞう》はお父《とう》さんとお母《かあ》さんのありがたみに気《き》づいた。

「子《こ》どものころは親《おや》に甘《あま》えて、言《い》いたいことはなんでも言《い》っていましたし、楽《たの》しい毎日《まいにち》でした。でも、それは両親《りょうしん》が僕《ぼく》を大事《だいじ》に育《そだ》ててくれていたからなんです」

健三《けんぞう》にとってリオデジャネイロオリンピックは、初《はじ》めてのオリンピックになる。

「僕《ぼく》はオリンピックがどういうところなのかを知《し》りません。でも、知《し》らないからこそ、勢《いきお》いや若《わか》さを武器《ぶき》にして戦《たたか》っていきたいと思《おも》っています」

12歳《さい》のころ、卒業文集《そつぎょうぶんしゅう》に書《か》いた「オリンピックで金《きん》メダルを取《と》る」という夢《ゆめ》を実現《じつげん》させるときがもうすぐやってくる。

【白井健三　リオ五輪へのあゆみ】

1996年8月24日生まれ。

1999年　3歳のときに体操を始める。

2003年　日体スワロークラブで本格的に競技開始

2011年　中学3年生ながら、全日本体操競技個人種目別選手権大会のゆか運動で2位入賞。

2012年　神奈川県立岸根高等学校へ進学。
16歳で日本代表としてアジア体操競技選手権に出場し、
種目別ゆか運動で優勝する。

2013年　全日本体操種目別選手権大会 男子種目別のゆか運動で優勝。
世界体操競技選手権の種目別ゆか運動で日本史上最年少で優勝。
同大会のゆか運動、跳馬で新技を披露し、
「シライ/ニュエン」「シライ2」「シライ/キムヒフン」と名づけられる。

2015年　日本体育大学へ進学。
世界体操競技選手権ゆか運動で優勝し、
37年ぶりの団体優勝にも貢献。
豊田国際体操競技大会において最高H難度の新技を成功し、
のちに「シライ3」と命名。

【白井健三《しらいけんぞう》 アルバム】

誰《だれ》よりも小《ちい》さかったけれど、強《つよ》かった

体操《たいそう》を始《はじ》めたばかりの健三《けんぞう》はとても小《ちい》さい子《こ》どもだったけれど、大会《たいかい》に出場《しゅつじょう》するとダイナミックな演技《えんぎ》を披露《ひろう》して、表彰台《ひょうしょうだい》に立《た》った。あこがれの存在《そんざい》だった日本代表《にほんだいひょう》のエース内村航平選手《うちむらこうへいせんしゅ》と一緒《いっしょ》に、オリンピックで世界《せかい》の頂点《ちょうてん》を目指《めざ》している。

藤岡雅樹／小学館

12歳《さい》のときに約束《やくそく》した リオ五輪《ごりん》でメダルを

伊藤美誠《いとう・みま》

MIMA ITO

2000年《ねん》10月《がつ》21日《にち》、静岡県《しずおかけん》生《う》まれ。てんびん座《ざ》。大阪昇陽高《おおさかしょうようこう》校《こう》1年生《ねんせい》。2歳半《さいはん》で卓球《たっきゅう》を始《はじ》める。国内大会《こくないたいかい》にとどまらず、世界《せかい》大会《たいかい》でも次々《つぎつぎ》と最年少《さいねんしょう》記録《きろく》でタイトルを手《て》にしている。15歳《さい》での五輪出場《ごりんしゅつじょう》は福原愛選手《ふくはらあいせんしゅ》と並《なら》ぶ記録《きろく》。スターツSC所属《しょぞく》。

【オリンピック　卓球女子】

シングルスと国別《くにべつ》で戦《たたか》う団体戦《だんたいせん》がトーナメント形式《けいしき》で行《おこな》われる。世界《せかい》ランキング上位選手《じょういせんしゅ》で競《きそ》うシングルスには、各国《かっこく》2選手《せんしゅ》のみに出場権《しゅつじょうけん》があり、石川佳純選手《いしかわかすみせんしゅ》と福原愛選手《ふくはらあいせんしゅ》が出場《しゅつじょう》。伊藤《いとう》美誠選手《みませんしゅ》が出場《しゅつじょう》する団体戦《だんたいせん》は、第《だい》1、2試合《しあい》はシングルス、第《だい》3試合《しあい》はダブルス、第《だい》4、5試合《しあい》をシングルスで戦《たたか》い、先《さき》に3勝《しょう》すると勝利《しょうり》。1ゲーム11点制《てんせい》で戦《たたか》いシングルスは7ゲームマッチ、団体戦《だんたいせん》は5ゲームマッチ。

お母《かあ》さんと2人《ふたり》だけの「6時間訓練《じかんくんれん》」

「美誠《みま》、いくよ」

お母《かあ》さんがゆっくりとサーブを打《う》つ。ボールはネットを越《こ》えて、卓球台《たっきゅうだい》の上《うえ》で跳《は》ね上《あ》がった。腕《うで》を後《うし》ろに下《さ》げた伊藤美誠《いとうみま》は、腰《こし》を右《みぎ》に回《まわ》し、ラケットを持《も》った腕《うで》を引《ひ》いてそのボールを打《う》ち返《かえ》した。ボールがネットを越《こ》えて戻《もど》ってきたことに、お母《かあ》さんはビックリした。

初《はじ》めてラケットを持《も》った娘《むすめ》は、誰《だれ》に教《おそ》わったわけでもないのに、キレイなフォームで、ボールを返《かえ》してきたのだ。小《ちい》さなボールをラケットに当《あ》てることだって簡単《かんたん》じゃない。当《あ》てる角度《かくど》を間違《まちが》えば、大《おお》きく弾《はず》んだり、目《め》の前《まえ》にポトンと落《お》ちてしまう。

両足《りょうあし》の位置《いち》を合《あ》わせ、腰《こし》を回《まわ》し、ラケットを持《も》った腕《うで》を引《ひ》いて、ボールをラケットでつかみ、回転《かいてん》をかけて打《う》つ。普通《ふつう》なら数《すう》か月《げつ》かけて身《み》につける卓球《たっきゅう》の基本《きほん》がすでに3歳《さい》にもならない幼《おさな》い娘《むすめ》の中《なか》に根《ね》づいている。想像《そうぞう》もしなかった出来事《できごと》にお母《かあ》さんは思《おも》った。

「美誠《みま》にもっと卓球《たっきゅう》を教《おし》えてあげたい」

その日《ひ》から、お母《かあ》さんは美誠《みま》にとって、厳《きび》しい卓球《たっきゅう》コーチに変《か》わった。

学生時代《がくせいじだい》から卓球選手《たっきゅうせんしゅ》として活躍《かつやく》していたお母《かあ》さんは、美誠《みま》を産《う》んでからも、毎週《まいしゅう》のように卓球大会《たっきゅうたいかい》に出場《しゅつじょう》する選手《せんしゅ》だった。

時間《じかん》が許《ゆる》す限《かぎ》り、卓球台《たっきゅうだい》のある体育館《たいいくかん》や公民館《こうみんかん》、卓球場《たっきゅうじょう》へ美誠《みま》と一緒《いっしょ》に行《い》き、練習《れんしゅう》する。お母《かあ》さんが卓球《たっきゅう》をしている時間《じかん》、美誠《みま》はその近《ちか》くで1人遊《ひとりあそ》んでいた。

そして、ある日《ひ》「卓球《たっきゅう》がやりたい」と言《い》い出《だ》した。

新《あたら》しいおもちゃを買《か》うような気持《きも》ちでお母《かあ》さんは、美誠《みま》にラケットを買《か》ってあげた。子《こ》どもの小《ちい》さな手《て》でも握《にぎ》れるように工夫《くふう》された小《ちい》さなラケットは、天才少女《てんさいしょうじょ》として注目《ちゅうもく》を集《あつ》めていた福原愛選手《ふくはらあいせんしゅ》の名前《なまえ》がついた「愛《あい》ちゃんラケット」だった。

自分《じぶん》のラケットを手《て》に入《い》れた美誠《みま》はさっそく、ラケットに「いとうみま」と名前《なまえ》を書《か》き、お母《かあ》さんのように素振《すぶ》りをしてみせた。

「きっとほかの遊《あそ》びと同《おな》じようにすぐに飽《あ》きてしまうだろう」とお母《かあ》さんは思《おも》っていた。だから、卓球選手《たっきゅうせんしゅ》になるとも考《かんが》えていなかった。こんなに小《ちい》さな子《こ》どもでは、ボールを打《う》ち返《かえ》すことすら難《むずか》しい。2歳《さい》の娘《むすめ》にそれができるわけがない。ボールを打《う》ち返《かえ》せなければ、卓球《たっきゅう》は成立《せいりつ》しないし、面白《おもしろ》いと思《おも》うこともないだろうと。しかし美誠《みま》はお母《かあ》さんの予想《よそう》を裏切《うらぎ》った。

「初《はじ》めて卓球《たっきゅう》をしたときのことは覚《おぼ》えています。最初《さいしょ》からうまくできたので、夢中《むちゅう》になりました。相手《あいて》との打《う》ち合《あ》いを続《つづ》けるラリーが楽《たの》しくて。ほかの遊《あそ》びではすぐに飽《あ》きてしまったんですけど、卓球《たっきゅう》だけはまったく飽《あ》きることがなかった」

15歳《さい》の美誠《みま》が振《ふ》り返《かえ》る。

お母《かあ》さんが練習《れんしゅう》していた場所《ばしょ》で、小《ちい》さな美誠《みま》の卓球生活《たっきゅうせいかつ》が始《はじ》まった。卓球台《たっきゅうだい》の前《まえ》に立《た》ち、楽《たの》しそうにラケットを振《ふ》る美誠《みま》を見《み》て、「いつでも思《おも》うぞんぶん練習《れんしゅう》ができる場所《ばしょ》がほしい」と考《かんが》えたお母《かあ》さんは、出身地《しゅっしんち》である静岡県磐田市《しずおかけんいわたし》に卓球台《たっきゅうだい》が置《お》ける広《ひろ》いリビングのある家《いえ》を建《た》て、そこへ引《ひ》っ越《こ》した。

そのときからお母《かあ》さんは練習《れんしゅう》のことを「訓練《くんれん》」と呼《よ》ぶようになる。それは、試合《しあい》という大切《たいせつ》な〝本番《ほんばん》で勝《か》つため〟の準備《じゅんび》という意味《いみ》があった。4歳《さい》の美誠《みま》自身《じしん》にはそういう意識《いしき》はなかったけれど、お母《かあ》さんの頭《あたま》の中《なか》にはすでに、卓球選手《たっきゅうせんしゅ》として成長《せいちょう》する美誠《みま》の姿《すがた》がイメージされていたのだ。

毎日《まいにち》6時間《じかん》あまり卓球《たっきゅう》の「訓練《くんれん》」は続《つづ》いた。

2メートル74センチの卓球台《たっきゅうだい》の向《む》こう側《がわ》に立《た》つお母《かあ》さんの顔《かお》はいつもとても怖《こわ》かった。ジッと見《み》つめられると、そこに立《た》っているのは、もうお母《かあ》さんではなくて、卓球《たっきゅう》のコーチだということが伝《つた》わってきた。いつもは美誠《みま》の話《はなし》をいろいろ聞《き》いてくれる優《やさ》しいお母《かあ》さんだけれど、卓球《たっきゅう》の「訓練《くんれん》」が始《はじ》まれば、厳《きび》しいコーチに変身《へんしん》する。すると、美誠《みま》のスイッチもオンになる。

同《おな》じことを何度《なんど》も何度《なんど》も繰《く》り返《かえ》し、たくさんの技術《ぎじゅつ》を磨《みが》いた。

ラケットでボールを打《う》ち合《あ》い、相手《あいて》が打《う》ち返《かえ》すことができなければ、ポイントを得《え》られる。卓球《たっきゅう》のルールはとてもシンプルだけれど、たくさんの打《う》ち方《かた》があり、状況《じょうきょう》に応《おう》じて、打《う》ち方《かた》を選《えら》び、正確《せいかく》にプレーしなければ、勝《か》てない。

卓球《たっきゅう》のボールは軽《かる》く、ラケットの当《あ》て方次第《かたしだい》で、さまざまな軌道《きどう》を描《えが》く。だからこそ正《せい》確性《かくせい》が必要《ひつよう》なのだ。そして、腕《うで》だけを振《ふ》ってラケットを使《つか》っていたのでは、弱《よわ》いボールしか打《う》てない。全身《ぜんしん》を使《つか》い、身体《からだ》のバランスを保《たも》ち、うまくパワーをボールに伝《つた》えられれば、ボールのスピードとパワーが増《ま》し、相手《あいて》を苦《くる》しめることができる。届《とど》きそうにない場所《ばしょ》を狙《ねら》い打《う》たれた際《さい》にも、難《むずか》しいボールに反応《はんのう》し、打《う》ち返《かえ》す技術《ぎじゅつ》を身《み》につけなければならない。相手《あいて》の状況《じょうきょう》、試合《しあい》の流《なが》れを考《かんが》えて、どんな力《ちから》で、どんな回転《かいてん》で、どんなコースへどんなふうに打《う》つのか、それを身《み》につけなければいけない。

試合《しあい》に勝《か》つために必要《ひつよう》な技《わざ》を覚《おぼ》えるためのお母《かあ》さんとの「訓練《くんれん》」は、とても地道《じみち》で苦《くる》しく、厳《きび》しかった。

「1000本《ぼん》、ノーミスでドライブで打《う》ち返《かえ》して」

お母《かあ》さんが打《う》ったボールをただひたすら、打《う》ち返《かえ》す。体《からだ》を下《さ》げて、腕《うで》を下《した》から上《うえ》へ持《も》ち上《あ》げ、ボールをラケットでこするように打《う》ち、回転《かいてん》をかけるドライブ。しかもすべてを相《あい》手《て》コートに返《かえ》さなければ失敗《しっぱい》だ。それを1000回連続《かいれんぞく》で成功《せいこう》し続《つづ》けなければ、練習《れんしゅう》は終《お》わらない。999本成功《ほんせいこう》しても、最後《さいご》に失敗《しっぱい》すればまた0本《ほん》からのスタートだ。

「あぁ～」

何度目《なんどめ》かのミスをした美誠《みま》は、その場《ば》に座《すわ》り込《こ》み、泣《な》きながら、悔《くや》しそうに床《ゆか》を叩《たた》いた。

「少《すこ》し休憩《きゅうけい》する？」

「しないよ」

立《た》ち上《あ》がり、再《ふたた》び0からスタートする。それでもまた失敗《しっぱい》してしまう。

下《した》から上《うえ》へ腕《うで》を上《あ》げるのには、そうとうの力《ちから》が必要《ひつよう》になるため、美誠《みま》の腕《うで》ははれていた。

振《ふ》り上《あ》げたラケットが何度《なんど》も当《あ》たり、おでこもはれている。シャツの胸《むね》あたりに、赤《あか》く血《ち》がにじんでいる。卓球台《たっきゅうだい》の角《かど》がこすれて、胸《むね》の下《した》が傷《きず》ついていたのだ。

(美誠《みま》、もう終《お》わりにしよう)

お母《かあ》さんは幼《おさな》い娘《むすめ》のそばへかけより、ギュッと抱《だ》きしめたかった。こんなになるまで頑《がん》張《ば》っているのだから……と何度《なんど》も思《おも》った。しかし、お母《かあ》さんは心《こころ》を鬼《おに》にして、言《い》った。

「さあ、続《つづ》きを始《はじ》めるよ」

「うん！　やろう」

美誠《みま》がラケットを構《かま》えた。

4歳《さい》。全日本卓球選手権大会《ぜんにほんたっきゅうせんしゅけんたいかい》バンビの部《ぶ》に初出場《はつしゅつじょう》。バンビの部《ぶ》は、小学《しょうがく》2年生以下《ねんせいいか》の選手《せんしゅ》たちが出場《しゅつじょう》する。小学生相手《しょうがくせいあいて》に勝《か》つことはできなかったけれど、試合《しあい》は楽《たの》しかった。たくさんの人《ひと》たちの前《まえ》で自由《じゆう》にプレーができる。その解放感《かいほうかん》がうれしかった。

小学生《しょうがくせい》になっても、お母《かあ》さんとの「訓練《くんれん》」は続《つづ》いた。

学校《がっこう》から戻《もど》ると、昼寝《ひるね》をして、夕飯《ゆうはん》を食《た》べた後《あと》、訓練《くんれん》が始《はじ》まる。5時間《じかん》、6時間《じかん》が過《す》ぎ、深夜《しんや》になっても終《お》わらないこともあった。眠《ねむ》い目《め》をこすり、学校《がっこう》へ行《い》くが、休《やす》み時間《じかん》は友《とも》だちと運動場《うんどうじょう》で鬼《おに》ごっこをしたり、サッカーをしたりと体《からだ》を動《うご》かして遊《あそ》んだ。

「今日《きょう》はもう卓球《たっきゅう》、休《やす》みたいな」と思《おも》っても、それを言《い》い出《だ》すことはできなかった。鬼《おに》コーチのお母《かあ》さんが怖《こわ》かった。叱《しか》られて、「外《そと》で反省《はんせい》していなさい」と言《い》われたとき、「このまま遠《とお》くへ行《い》って、お母《かあ》さんに心配《しんぱい》をかけたらどうなるのかな」と考《かんが》えたりもしたが、実行《じっこう》することはなかった。

「何本《なんぼん》も同《おな》じコースに打《う》ち返《かえ》すとか、基本練習《きほんれんしゅう》が続《つづ》くんです。やりたいプレーが自由《じゆう》にできないから、解放感《かいほうかん》がなかった。でも、そういう練習《れんしゅう》の中《なか》で、本当《ほんとう》にがまん強《づよ》くなりました。お母《かあ》さんの練習《れんしゅう》が厳《きび》しすぎて、休《やす》みたいと思《おも》うことはありました。だけど、卓球《たっきゅう》をやめたいと思《おも》ったことは一度《いちど》もありません」と美誠《みま》。

放課後《ほうかご》、お友達《ともだち》と遊《あそ》べない。練習《れんしゅう》があるからテレビも見《み》られない。アイドルの話《はなし》もわからなかったけれど、美誠《みま》はそれを不満《ふまん》に思《おも》うことはなかった。訓練《くんれん》は苦《くる》しいけれど、やっぱり卓球《たっきゅう》が大好《だいす》きだったから。ほかのことには興味《きょうみ》がなかった。

そして、長時間鬼《ちょうじかんおに》コーチとして、自分《じぶん》の訓練《くんれん》につき合《あ》ってくれるお母《かあ》さん。美誠《みま》が学校《がっこう》へ行《い》っている間《あいだ》に仕事《しごと》に行《い》くこともあったし、夜遅《よるおそ》くに訓練《くんれん》が終《お》わった後《あと》も練習《れんしゅう》メニューを考《かんが》えたり、コーチとしての勉強《べんきょう》をしたり、美誠《みま》と一緒《いっしょ》に戦《たたか》ってくれている。そのことがうれしかった。

そして、試合《しあい》に勝《か》ったとき、お母《かあ》さんが喜《よろこ》んでくれるたびに感謝《かんしゃ》していた。

2008年《ねん》、7歳《さい》のとき全日本卓球選手権大会《ぜんにほんたっきゅうせんしゅけんたいかい》バンビの部《ぶ》で優勝《ゆうしょう》した美誠《みま》は、2010年《ねん》、9歳《さい》で小学《しょうがく》4年生以下《ねんせいいか》のカブの部《ぶ》で優勝《ゆうしょう》。そして、2011年《ねん》には10歳《さい》ながら、年齢制限《ねんれいせいげん》のない一般《いっぱん》の部《ぶ》に出場《しゅつじょう》し、勝利《しょうり》している。福原選手《ふくはらせんしゅ》が持《も》つ最年少記録《さいねんしょうきろく》を更新《こうしん》した。

２００８年《ねん》の北京《ペキン》オリンピックに出場《しゅつじょう》した福原選手《ふくはらせんしゅ》に続《つづ》く「福原愛二世《ふくはらあいにせい》」とメディアからも注目《ちゅうもく》を集《あつ》めるようになったけれど、美誠《みま》にとってはオリンピックよりも、目《め》の前《まえ》の試合《しあい》に勝《か》つこと、出場《しゅつじょう》した大会《たいかい》で優勝《ゆうしょう》することだけが目標《もくひょう》だった。

「オリンピックのことを知《し》ったのも小学《しょうがく》３年生《ねんせい》とか４年生《ねんせい》だった。遠《とお》い先《さき》のことを夢見《ゆめみ》て、こうなりたいなと考《かんが》えることはなかったです。それよりも同年代《どうねんだい》の選手《せんしゅ》に負《ま》けたくないという気持《きも》ちの方《ほう》が強《つよ》かった。その後《あと》、北京《ペキン》オリンピックで優勝《ゆうしょう》した中国選手《ちゅうごくせんしゅ》の喜《よろこ》ぶ姿《すがた》を見《み》て、初《はじ》めて、自分《じぶん》もあんなふうに勝《か》って、喜《よろこ》びたいなと思《おも》った。オリンピックのことを考《かんが》えるようになったのは、そのときからです」

オリンピックで優勝《ゆうしょう》すると誓《ちか》った

２０１１年《ねん》になるとＩＴＴＦ《アイティーティーエフ》（国際卓球連盟《こくさいたっきゅうれんめい》）が主催《しゅさい》する国際大会《こくさいたいかい》にも出場《しゅつじょう》するようになり、９月《がつ》のジュニアサーキット・チャイニーズタイペイオープンでは、18歳以下《さいいか》のジュニアの部《ぶ》シングルスで史上最年少優勝《しじょうさいねんしょうゆうしょう》。15歳以下《さいいか》のカデットの部《ぶ》シングルスでも優勝《ゆうしょう》し、カデットの部《ぶ》の団体戦《だんたいせん》と合《あ》わせて3冠《かん》に輝《かがや》いた。

小学《しょうがく》6年生《ねんせい》になった2012年春《ねんはる》には大人《おとな》も出場《しゅつじょう》するITTF《アイティーティーエフ》ワールドツアー・スペインオープンで予選《よせん》を突破《とっぱ》。本戦出場《ほんせんしゅつじょう》の史上最年少記録《しじょうさいねんしょうきろく》を更新《こうしん》した。12月《がつ》には世界《せかい》ジュニア選手権《せんしゅけん》にも出場《しゅつじょう》している。

外国人選手《がいこくじんせんしゅ》との試合《しあい》でも、不安《ふあん》になることはなかった。

「とにかく試合《しあい》が大好《だいす》きでした。練習《れんしゅう》でたくさんがまんしているから（笑《わらい》）。試合《しあい》では自由《じゆう》にプレーできる。いろんなイメージがどんどん湧《わ》いてきて、こんなボールを打《う》とう、今度《こんど》はここを攻《せ》めようとチャレンジできるんです。確《たし》かに緊張感《きんちょうかん》はあります。でも、その緊張感《きんちょうかん》が大好《だいす》きなんです。『さあ、試合《しあい》が始《はじ》まるぞ。絶対《ぜったい》に負《ま》けないぞ』って」

地道《じみち》な訓練《くんれん》をしてきたから、頭《あたま》で考《かんが》えたプレーを正確《せいかく》に行《おこな》うことができた。お互《たが》いがボールを打《う》ち返《かえ》し続《つづ》けるラリーが始《はじ》まれば、集中力《しゅうちゅうりょく》が問《と》われる。そういうときも長時間《ちょうじかん》、訓練《くんれん》した成果《せいか》が生《い》かされた。

誰《だれ》とでもすぐに友《とも》だちになれる明《あか》るい性格《せいかく》で、行動力《こうどうりょく》のある美誠《みま》が〝がまん〟を身《み》につけたら、きっと強《つよ》い選手《せんしゅ》になるだろうとお母《かあ》さんは考《かんが》えていた。だから、技術《ぎじゅつ》を磨《みが》くと同《どう》時《じ》に強《つよ》い精神力《せいしんりょく》を身《み》につけられるような「訓練《くんれん》」を続《つづ》けたのだ。

しかし、そんなお母《かあ》さんでも驚《おどろ》いたのが、美誠《みま》の吸収力《きゅうしゅうりょく》と応用力《おうようりょく》だった。

海外《かいがい》へ遠征《えんせい》し、強《つよ》い選手《せんしゅ》と戦《たたか》うと、その経験《けいけん》によって美誠《みま》が大《おお》きく成長《せいちょう》していくのだ。

お母《かあ》さんが当時《とうじ》を振《ふ》り返《かえ》る。

「対戦相手《たいせんあいて》の技術《ぎじゅつ》をまねできるほど、美誠《みま》はいろいろな情報《じょうほう》を得《え》ることができるんですよ。まるで対戦相手《たいせんあいて》を背負《せお》って帰《かえ》ってくるような感《かん》じです。だから、うちでは、ガマンガマンの訓練《くんれん》をしました。そうすることで、『試合《しあい》がしたい』という気持《きも》ちが強《つよ》くなり、乾《かわ》いたスポンジのような状態《じょうたい》で試合《しあい》に挑《いど》み、よりたくさんのことを吸収《きゅうしゅう》できたんだと思《おも》います」

いつも美誠《みま》の成長《せいちょう》を見守《みまも》り、引《ひ》っ張《ぱ》ってきてくれたお母《かあ》さんは、美誠《みま》が大阪《おおさか》の昇陽中学《しょうようちゅうがく》へ進学《しんがく》することを決《き》め、関西卓球《かんさいたっきゅう》アカデミーに練習場所《れんしゅうばしょ》を変《か》えると、マンツーマンでの訓《くん》練《れん》を終《お》えようと思《おも》っていた。

これからは美誠自身《みまじしん》が考《かんが》えて、行動《こうどう》することが大事《だいじ》だと考《かんが》えたからだ。新《あたら》しい環境《かんきょう》で新《あたら》しい相手《あいて》と練習《れんしゅう》することも美誠《みま》には必要《ひつよう》だった。鬼《おに》コーチと選手《せんしゅ》という関係《かんけい》ではなく、母《はは》として、友《とも》として、さまざまな立場《たちば》で、選手《せんしゅ》としてだけでなく、人間《にんげん》として成長《せいちょう》する美誠《みま》を支《ささ》えていくことになる。

2012年夏《ねんなつ》、美誠《みま》はロンドンにいた。

ロンドンオリンピックの卓球女子《たっきゅうじょし》シングルスの試合《しあい》を観戦《かんせん》するためだ。大《おお》きな体育館《たいいくかん》には、ほかの世界大会《せかいたいかい》とは違《ちが》う空気《くうき》が漂《ただよ》っていた。そこで戦《たたか》う選手《せんしゅ》たちが放《はな》つオーラも違《ちが》っていた。福原選手《ふくはらせんしゅ》、石川佳純選手《いしかわかすみせんしゅ》が奮闘《ふんとう》する姿《すがた》に感動《かんどう》した。そして帰国後《きこくご》、日本《にほん》が団体戦《だんたいせん》準決勝《じゅんけっしょう》で強豪《きょうごう》シンガポールに勝利《しょうり》し、決勝《けっしょう》へ進《すす》む試合《しあい》をテレビで見《み》た。決勝《けっしょう》では中国《ちゅうごく》に負《ま》けてしまったけれど、それでも強《つよ》く心《こころ》を揺《ゆ》さぶられた。

やっぱりオリンピックは特別《とくべつ》なのだと思《おも》った。自分《じぶん》もその舞台《ぶたい》に立《た》とうと決《き》めた。

「オリンピックに出《で》て、優勝《ゆうしょう》したい」

そんなタイトルの作文《さくぶん》を書《か》いた。日本《にほん》でよい成績《せいせき》を残《のこ》し、ワールドツアーへの出場資格《しゅつじょうしかく》を得《え》て、世界《せかい》ランキング上位《じょうい》の選手《せんしゅ》に勝《か》ち、ランキング上位《じょうい》に入《はい》る。

オリンピック出場《しゅつじょう》までの道《みち》のりをクラスメートたちに伝《つた》える作文《さくぶん》だ。2016年《ねん》リオデジャネイロ大会《たいかい》に出場《しゅつじょう》し、2020年大会《ねんたいかい》で個人《こじん》、団体《だんたい》で優勝《ゆうしょう》すると誓《ちか》った。

２０１３年《ねん》、中学《ちゅうがく》１年生《ねんせい》になると国際試合《こくさいじあい》で世界《せかい》ランキング上位《じょうい》の選手《せんしゅ》に勝《か》つこともあり、夏《なつ》には美誠《みま》自身《じしん》のランキングも１００位以内《いいない》に入《はい》った。12月《がつ》の世界《せかい》ジュニア選手権《せんしゅけん》・シングルスでベスト８入《い》り。団体《だんたい》で日本《にほん》は準優勝《じゅんゆうしょう》に輝《かがや》いた。

その年《とし》、２０２０年《ねん》のオリンピックが東京《とうきょう》で行《おこな》われることが決《き》まり、その舞台《ぶたい》で戦《たたか》いたいという思《おも》いがさらに強《つよ》くなる。


ＩＴＴＦ《アイティーティーエフ》ワールドツアーは毎年《まいとし》世界各地《せかいかくち》で、15試合《しあい》ほど行《おこな》われている。この大会《たいかい》の勝敗《しょうはい》が世界《せかい》ランキングに大《おお》きく影響《えいきょう》する。そして、そのツアーに出場《しゅつじょう》した上位選手《じょういせんしゅ》には、年《ねん》に一度《いちど》行《おこな》われるグランドファイナルへの出場権《しゅつじょうけん》が与《あた》えられる。

２０１４年《ねん》、美誠《みま》は同《おな》じ年齢《ねんれい》の平野美宇《ひらのみう》選手《せんしゅ》とダブルスを組《く》み、ツアーに出場《しゅつじょう》した。３月《がつ》のドイツオープンで優勝《ゆうしょう》し、最年少優勝《さいねんしょうゆうしょう》コンビとして、ギネス世界記録《せかいきろく》に認定《にんてい》される快挙《かいきょ》を成《な》し遂《と》げた。４月《がつ》のスペインオープンでも優勝《ゆうしょう》した２人《ふたり》は、12月《がつ》のグランドファイナルでも見事優勝《みごとゆうしょう》し、世界王者《せかいおうじゃ》となった。

1つ1つの試合《しあい》を勝《か》ち上《あ》がり、決勝戦《けっしょうせん》に挑《いど》んだときも特別《とくべつ》な気持《きも》ちにはならなかった。勝《か》てば世界一《せかいいち》という思《おも》いはまったくなく、普段《ふだん》の試合《しあい》と同《おな》じ状態《じょうたい》だった。

「ねえ、優勝《ゆうしょう》しちゃったよ」

「うん、優勝《ゆうしょう》したね」

決勝戦直後《けっしょうせんちょくご》、試合《しあい》の緊張感《きんちょうかん》から解放《かいほう》された美誠《みま》と平野選手《ひらのせんしゅ》は、頭《あたま》の中《なか》が真《ま》っ白《しろ》になった。なんだか不思議《ふしぎ》な気持《きも》ちだ。目《め》の前《まえ》の試合《しあい》に全力《ぜんりょく》を尽《つ》くす。そのことだけに集中《しゅうちゅう》していたから、試合《しあい》に勝《か》った喜《よろこ》びはあっても、優勝《ゆうしょう》したという実感《じっかん》がなかったのだ。

コーチやスタッフ、報道陣《ほうどうじん》たちの様子《ようす》を目《め》にして、少《すこ》しずつ、自分《じぶん》たちが成《な》し遂《と》げたことの大《おお》きさがわかってきた。

「みうみま」

2人《ふたり》は4歳《さい》のころから、ライバルと言《い》われてきた。

「昔《むかし》はなんで美宇《みう》ちゃんと同《おな》じ世代《せだい》に生《う》まれてきたんだろうって思《おも》っていました。同世代《どうせだい》の選手《せんしゅ》に負《ま》けたくないという気持《きも》ちはあるんだけれど、正直対戦《しょうじきたいせん》するのがイヤだった。美《み》宇《う》ちゃんが強《つよ》くて、強《つよ》すぎたから。でも、今思《いまおも》うと、美宇《みう》ちゃんがいてくれたから、お互《たが》いが競《きそ》い合《あ》って強《つよ》くなれたんだと思《おも》うんです。そういう美宇《みう》ちゃんとのダブルスで優勝《ゆうしょう》でき、うれしかった」

海外遠征《かいがいえんせい》のホテルでは、一緒《いっしょ》の部屋《へや》になる。いっぱい話《はなし》をする友《とも》だちだ。だけど、大会《たいかい》で対戦《たいせん》すれば、負《ま》けたくない相手《あいて》になる。対戦《たいせん》しなくても、平野選手《ひらのせんしゅ》の成績《せいせき》は気《き》になる。

(美宇《みう》ちゃんが勝《か》ったのなら、私《わたし》も勝《か》ちたい)

そうやって、2人《ふたり》は世界《せかい》を驚《おどろ》かせる選手《せんしゅ》になったのだ。


福原選手《ふくはらせんしゅ》、石川選手《いしかわせんしゅ》という先輩《せんぱい》の選手《せんしゅ》たちとも戦《たたか》わなければならない。国際大会《こくさいたいかい》のシングルスでは日本人対決《にほんじんたいけつ》も少《すく》なくないのだ。

かつてはあこがれた人《ひと》たちであっても「負《ま》けるわけにはいかない」と思《おも》えば思《おも》うほど、あこがれる気持《きも》ちは薄《うす》れていった。しかし、一緒《いっしょ》に海外《かいがい》へ行《い》ったり、練習《れんしゅう》し、対戦《たいせん》すると「尊敬《そんけい》」という新《あたら》しい気持《きも》ちが生《う》まれてきた。

先輩《せんぱい》も後輩《こうはい》も関係《かんけい》なく、「すごいな」「頑張《がんば》っているな」と思《おも》える仲間《なかま》がたくさんいる。

誰《だれ》もがライバルだけれど、頼《たよ》りになるチームメートだ。

最低《さいてい》でも銀《ぎん》メダル。それが自分《じぶん》への約束《やくそく》

２０１５年《ねん》。リオデジャネイロまであと1年《ねん》となったが、美誠《みま》の世界《せかい》ランキングは41位《い》。オリンピック出場資格《しゅつじょうしかく》となる15位《い》には遠《とお》くおよばない。ワールドツアーには出場《しゅつじょう》し続《つづ》けている。少《すこ》しずつではあっても、ランキングは上昇《じょうしょう》してはいたけれど、「やっぱり、リオオリンピックは無理《むり》かもしれない」と美誠《みま》は考《かんが》えていた。

それでも、自身《じしん》の成長《せいちょう》、変化《へんか》は実感《じっかん》していた。

「卓球《たっきゅう》に限《かぎ》らず、勝負事《しょうぶごと》みたいなのが好《す》きで、勝《か》ち負《ま》けがはっきりしているから試合《しあい》が好《す》きなんですよね。負《ま》けたらすごく悔《くや》しいけれど、負《ま》けるのがイヤだから勝負《しょうぶ》したくないとは思《おも》わない。負《ま》けた悔《くや》しさは『もっと頑張《がんば》ろう』というエネルギーになるので。でも、コツコツと積《つ》み重《かさ》ねる練習《れんしゅう》が好《す》きじゃなかったんですよ。

今《いま》は練習《れんしゅう》したことを試合《しあい》でどう生《い》かせるのかなという楽《たの》しみがあるんです。試合《しあい》でできなかったこと、見《み》つけた課題《かだい》を克服《こくふく》するためにまた練習《れんしゅう》する。試合《しあい》は練習《れんしゅう》したことを試《ため》す

場所《ばしょ》であり、次《つぎ》にどんな練習《れんしゅう》が必要《ひつよう》かを教《おし》えてくれる場所《ばしょ》だと思《おも》うようになった」

勝敗《しょうはい》という結果《けっか》だけでなく、何《なに》ができて、何《なに》ができなかったかという試合《しあい》の内容《ないよう》にも気《き》を配《くば》る。それは技術《ぎじゅつ》だけの話《はなし》ではない。相手《あいて》がどんなプレーをしようとしているのかを読《よ》み、それをさせない展開《てんかい》をつくる。逆《ぎゃく》に相手《あいて》の武器《ぶき》を引《ひ》き出《だ》し、それを利用《りよう》したうえで、こちらの強《つよ》みを生《い》かし、ポイントを取《と》ることも必要《ひつよう》だ。卓球《たっきゅう》では体《からだ》を動《うご》かすだけでなく、あらゆる状況《じょうきょう》を想定《そうてい》して考《かんが》える、冷静《れいせい》な頭脳《ずのう》戦《せん》が求《もと》められる。

試合映像《しあいえいぞう》を見《み》るときは、自分自身《じぶんじしん》の目線《めせん》、コーチの目線《めせん》、相手《あいて》の目線《めせん》、相手《あいて》のコーチの目線《めせん》、観客《かんきゃく》の目線《めせん》で、何度《なんど》も見《み》るようにお母《かあ》さんから教《おし》えられた。自分《じぶん》のプレーを相手《あいて》がどう見《み》ているのかと考《かんが》えることで、自分《じぶん》の武器《ぶき》や弱点《じゃくてん》を客観的《きゃっかんてき》に知《し》ることができる。

3月《がつ》、ワールドツアードイツオープン。1年前《ねんまえ》ダブルスで優勝《ゆうしょう》した大会《たいかい》にシングルスで挑《いど》んだ。1回戦《かいせん》で世界《せかい》ランキング8位《い》の選手《せんしゅ》を相手《あいて》に美誠《みま》は苦《くる》しんでいた。立《た》て続《つづ》けに3ゲームを奪《うば》われた。11点先《てんさき》に取《と》ればいいゲームを得《え》られる。3ゲーム戦《たたか》っても美誠《みま》は合計《ごうけい》10点《てん》しか取《と》れていなかった。あと1ゲームを失《うしな》ったら、試合《しあい》は終《お》わる。

そして迎《むか》えた4ゲーム。ぎりぎりまで追《お》い詰《つ》められながら美誠《みま》は逆転勝利《ぎゃくてんしょうり》に成功《せいこう》する。

「一度《いちど》死《し》んで生《い》き返《かえ》った。その後《あと》も、何度《なんど》も負《ま》けそうな試合《しあい》があって、死《し》んで生《い》き返《かえ》る死《し》んで生《い》き返《かえ》る、みたいな感《かん》じでした」

強気《つよき》の攻撃的《こうげきてき》な姿勢《しせい》と粘《ねば》り強《づよ》さとで、美誠《みま》はその大会《たいかい》で優勝《ゆうしょう》する。ITTF《アイティーティーエフ》ワールドツアー史上《しじょう》世界《せかい》最年少《さいねんしょう》での優勝《ゆうしょう》は、ふたたびギネス世界《せかい》記録《きろく》に認定《にんてい》された。そして、この結果《けっか》によって世界《せかい》ランキングも15位《い》と急上昇《きゅうじょうしょう》。リオデジャネイロオリンピックメンバー入《い》りの可能性《かのうせい》が見《み》えてきた。

4月《がつ》に開《ひら》かれた世界選手権《せかいせんしゅけん》ではベスト8に入《はい》り、またしても日本人《にほんじん》最年少《さいねんしょう》ベスト8の記録《きろく》を更新《こうしん》し、特別新人賞《とくべつしんじんしょう》も受賞《じゅしょう》する。

ランキングを少《すこ》しでも上《あ》げるためには、ワールドツアーに出場《しゅつじょう》し、ポイントを得《え》なければならない。5月半《がつなか》ばから、4大会連続《たいかいれんぞく》で出場《しゅつじょう》した。最初《さいしょ》のベラルーシオープンでは再《ふた》び優勝《ゆうしょう》したが、時差《じさ》や気候《きこう》も違《ちが》う世界各地《せかいかくち》を移動《いどう》しての連戦《れんせん》は大変《たいへん》だった。

あれほど好《す》きだった試合《しあい》だというのに、体力《たいりょく》も精神力《せいしんりょく》も限界《げんかい》の状態《じょうたい》にまで追《お》い込《こ》まれた。

それでも、あらん限《かぎ》りの力《ちから》を尽《つ》くし、戦《たたか》い続《つづ》けた。

「昔《むかし》、お母《かあ》さんの厳《きび》しい練習《れんしゅう》を乗《の》り越《こ》えてきたんだから、私《わたし》はまだまだ頑張《がんば》れる。そう考《かんが》えて、乗《の》り越《こ》えました」

12歳《さい》のときに書《か》いた作文《さくぶん》を見《み》ながら、美誠《みま》は言《い》った。

「これを書《か》いたときは、オリンピックへの道《みち》のりがどんなに大変《たいへん》なのか、まったくわかっていなかったですね。確《たし》かにここに書《か》いてある通《とお》りなんだけれど、簡単《かんたん》に言《い》い過《す》ぎです(笑《わらい》)。ランキングを上《あ》げるのがどんなに苦《くる》しかったか。『めちゃめちゃ苦《くる》しかったよ』って、12歳《さい》の自分《じぶん》に言《い》ってあげたいです(笑《わらい》)」

そして9月《がつ》、リオデジャネイロオリンピックの卓球団体日本代表候補《たっきゅうだんたいにほんだいひょうこうほ》に美誠《みま》は選《えら》ばれる。シングルスに出場《しゅつじょう》する世界《せかい》ランキング5位《い》の石川選手《いしかわせんしゅ》、6位《い》の福原選手《ふくはらせんしゅ》とともに、団体《だんたい》戦《せん》を戦《たたか》うことが決《き》まったのだ。

団体戦《だんたいせん》はシングルス2試合《しあい》、ダブルス1試合《しあい》、シングルス2試合《しあい》で競《きそ》う。3試合《しあい》に勝《か》てば勝《か》ち抜《ぬ》ける。3選手《せんしゅ》でシングルス、ダブルスを戦《たたか》う。

「シングルスはもちろんダブルスもしっかり練習《れんしゅう》して、もっともっと深《ふか》めていきたい。自《じ》分《ぶん》が出《で》ない試合《しあい》でも、戦《たたか》う気持《きも》ちで応援《おうえん》したい。オリンピックに出《で》ることを考《かんが》えると、今《いま》は楽《たの》しみしかないんです。本当《ほんとう》にワクワクしているし、待《ま》ち遠《どお》しい。団体戦《だんたいせん》は前大会《ぜんたいかい》で銀《ぎん》メダルだったので、最低《さいてい》でも銀《ぎん》メダルを取《と》る。それが私《わたし》の約束《やくそく》です」

失敗《しっぱい》は怖《こわ》くない

2016年《ねん》1月《がつ》、全日本卓球選手権女子《ぜんにほんたっきゅうせんしゅけんじょし》シングルス準決勝《じゅんけっしょう》。美誠《みま》は平野選手相手《ひらのせんしゅあいて》に4－0のストレートで敗《やぶ》れた。同級生《どうきゅうせい》ライバルより先《さき》にオリンピック代表候補《だいひょうこうほ》に選《えら》ばれたというのに、完敗《かんぱい》したのだ。美誠《みま》に先《さき》を越《こ》された形《かたち》になった平野選手《ひらのせんしゅ》は、気持《きも》ちを切《き》り替《か》え、さらに強《つよ》くなっていた。だとしても、負《ま》けるわけにはいかない試合《しあい》だった。油断《ゆだん》していたわけじゃない。でも、ライバルのみなぎる闘志《とうし》に驚《おどろ》いたのも事実《じじつ》だ。

「美誠《みま》、私《わたし》はもっと強《つよ》くなるからね」という平野選手《ひらのせんしゅ》の思《おも》いが伝《つた》わってきた。

リオデジャネイロオリンピック出場《しゅつじょう》という目標《もくひょう》を達成《たっせい》したけれど、これはまだ通過点《つうかてん》なのだと思《おも》い知《し》った。悔《くや》し涙《なみだ》が、とめどなく頬《ほお》を伝《つた》う。

「負《ま》けちゃったね。しかもストレート負《ま》け。これはビッグチャンスだよ。美誠《みま》にとってはラッキーだった。ここから絶対《ぜったい》に強《つよ》くなるよ」

美誠《みま》のそばにやってきたお母《かあ》さんは強《つよ》い口調《くちょう》でそう言《い》い、しっかりと美誠《みま》の目《め》を見《み》ていた。美誠《みま》を励《はげ》ますために無理《むり》やり明《あか》るい顔《かお》をしているわけじゃない。お母《かあ》さんは真剣《しんけん》に「強《つよ》くなる!」と信《しん》じていた。

「うん。もう大丈夫《だいじょうぶ》だよ」

美誠《みま》も信《しん》じた。負《ま》けるのは強《つよ》くなるためのチャンスだということを。この悔《くや》しさが自分《じぶん》を成長《せいちょう》させてくれるんだと。

3月《がつ》、世界選手権《せかいせんしゅけん》の団体戦《だんたいせん》で銀《ぎん》メダルを獲得《かくとく》。

4月《がつ》、リオデジャネイロオリンピックアジア予選《よせん》では、世界《せかい》ランキング2位《い》の丁寧選手《ていねいせんしゅ》(中国《ちゅうごく》)に勝《か》った。

平野選手《ひらのせんしゅ》に敗《やぶ》れた悔《くや》しさを結果《けっか》に繋《つな》げた。

6月《がつ》、ITTF《アイティーティーエフ》ワールドツアー・荻村杯《おぎむらはい》ジャパンオープンでは2回戦《かいせん》で丁寧選手《ていねいせんしゅ》と再戦《さいせん》し、負《ま》けてしまった美誠《みま》だったが、「いい試合《しあい》ができた」と笑顔《えがお》を見《み》せた。

ボールを打《う》ち合《あ》う中《なか》で、わずかでもミスをすれば、相手《あいて》にその隙《すき》をつけこまれ、ポイントを奪《うば》われてしまう。ランキング上位《じょうい》の強《つよ》い相手《あいて》との試合《しあい》では、怖《こわ》さや不安《ふあん》が生《う》まれるのが当然《とうぜん》だが、美誠《みま》は「強《つよ》い相手《あいて》だからこそ、思《おも》い切《き》ってのびのびやれる」と話《はな》す。

「昔《むかし》はミスをすると、『失敗《しっぱい》しちゃった』という弱《よわ》い気持《きも》ちを引《ひ》きずったまま試合《しあい》をしてしまっていました。でも今《いま》は、すぐに気持《きも》ちを切《き》り替《か》えられるようになりました。やっぱり攻《せ》めていかないと勝《か》てないから、ミスや失《うしな》ったポイントはもうしかたがないと割《わ》り切《き》って、次《つぎ》のポイントをどうやって取《と》ろうかと考《かんが》えられるようになったんです。

たとえばゲームを先《さき》に取《と》られても、『私《わたし》が弱《よわ》いボールしか返《かえ》さないから、強《つよ》く打《う》たれるんだ』と冷静《れいせい》に考《かんが》えて『じゃあ、強《つよ》く打《う》とう』と積極的《せっきょくてき》なプレーができる。どんなに強《つよ》い選手《せんしゅ》であっても、どこかに隙《すき》はある。勝《か》てるチャンスはあるはず。ミスを怖《こわ》がって、守《まも》りのプレーをしていても勝《か》てない。ミスをしたって後《あと》で取《と》り返《かえ》せばいい。チャレンジしてみようという姿勢《しせい》で思《おも》い切《き》って挑戦《ちょうせん》する気持《きも》ちが大事《だいじ》だと思《おも》っています。

卓球《たっきゅう》に限《かぎ》らず、どんなことでも、自分《じぶん》を信《しん》じて、強《つよ》い気持《きも》ちで挑《いど》みたい。もし、失敗《しっぱい》したり、自信《じしん》が持《も》てないのであれば、練習《れんしゅう》すればいいだけだから」

「ナイスミス！」

美誠《みま》がミスをするとお母《かあ》さんがそんなふうに言《い》ってくれた。勝《か》つためにチャレンジした結果《けっか》のミスを叱《しか》られることはなかった。だから、どんなに大《おお》きな大会《たいかい》でもどんなに強《つよ》い相手《あいて》を前《まえ》にしても、負《ま》ける不安《ふあん》や失敗《しっぱい》する怖《こわ》さを抱《いだ》くことはない。

「どうやって勝《か》ってやろうか」と挑《いど》む気持《きも》ちがみなぎってくる。

だから、オリンピックが楽《たの》しみでしかたがない。

もっともっと強《つよ》くなるためのヒントをつかめる大会《たいかい》だから。

「リオデジャネイロオリンピックには出場《しゅつじょう》できるけれど、次《つぎ》の２０２０年《ねん》の東京大会《とうきょうたいかい》に出場《しゅつじょう》できる保証《ほしょう》はない。リオが終《お》わったらまた一《いち》からです。同世代《どうせだい》に強《つよ》い選手《せんしゅ》がたくさんいますから。また競争《きょうそう》が始《はじ》まります」

15歳《さい》の美誠《みま》の戦《たたか》いはこれからが本番《ほんばん》だ。

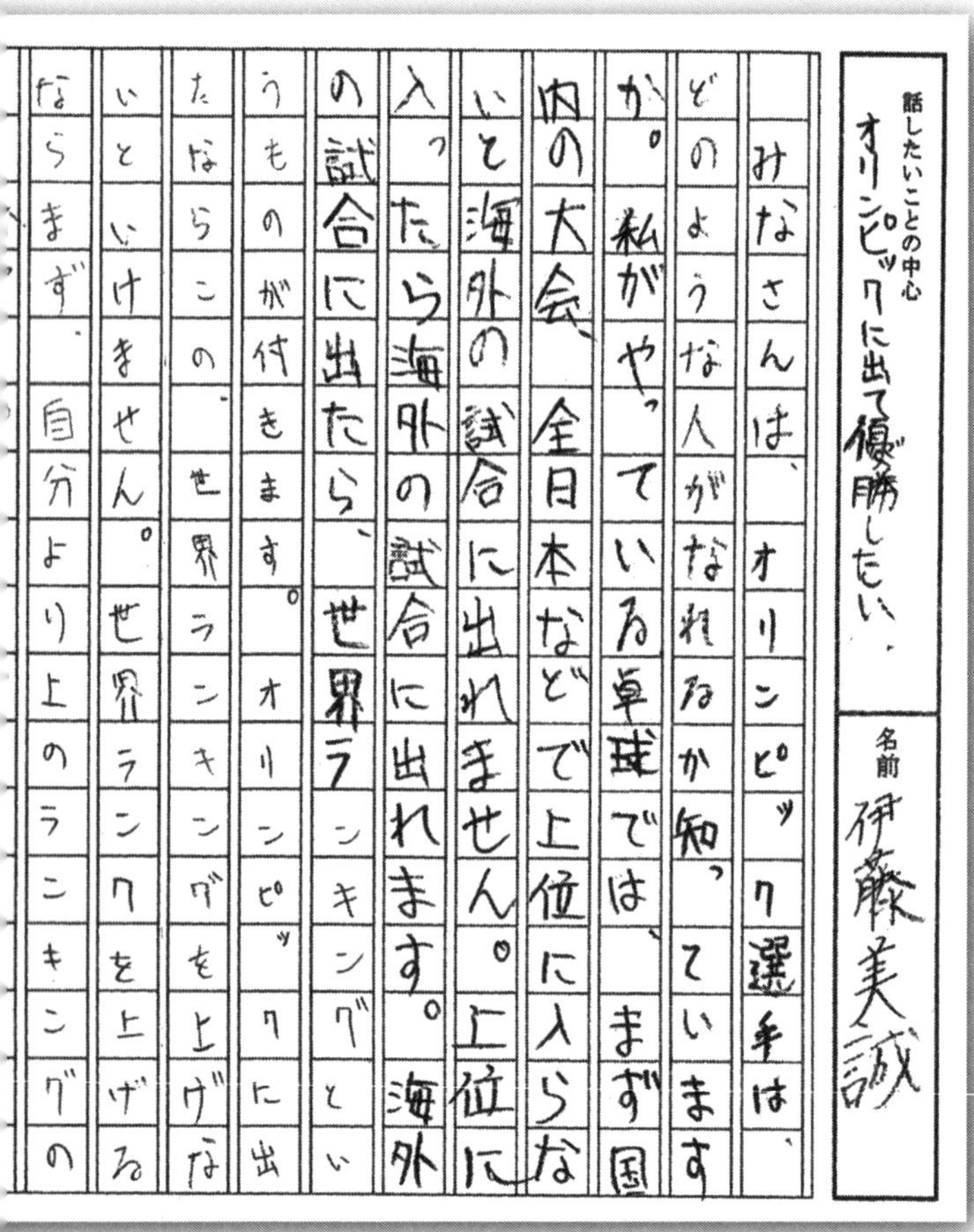
話したいことの中心
オリンピックに出て優勝したい。
名前
伊藤美誠

みなさんは、オリンピック選手は、どのような人がなれるか知っていますか。私がやっている卓球では、まず国内の大会、全日本などで上位に入らないと海外の試合に出れません。上位に入ったら海外の試合に出れます。海外の試合に出たら、世界ランキングというものが付きます。オリンピックに出たならこの、世界ランキングを上げないといけません。世界ランクを上げるならまず、自分より上のランキングの

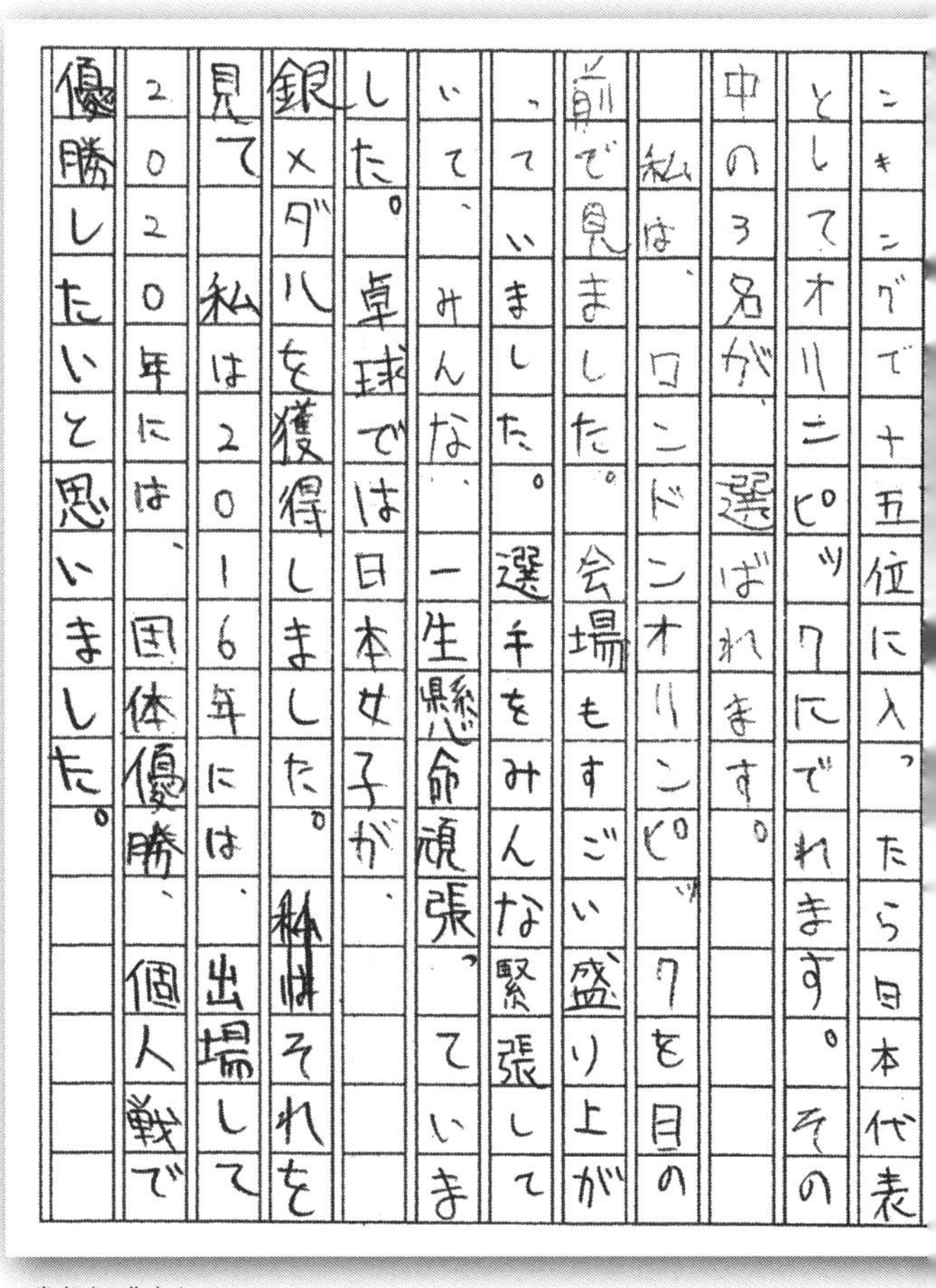
ンキングで十五位に入ったら日本代表
としてオリンピックにでれます。その
中の3名が、選ばれます。
　私は、ロンドンオリンピックを目の
前で見ました。会場もすごい盛り上が
って、いました。選手をみんな緊張して
いて、みんな、一生懸命頑張っていま
した。卓球では日本女子が、
銀メダルを獲得しました。私はそれを
見て　私は2016年には、出場して
2020年には、団体優勝、個人戦で
優勝したいと思いました。

12歳当時の作文より

2013年9月世界ジュニア選手権大会
女子日本代表選考会優勝時（12歳）

【伊藤美誠　リオ五輪へのあゆみ】

2000年10月21日生まれ。


2008年　全日本選手権大会バンビの部(小2以下)優勝。

2010年　全日本選手権大会カブの部(小4以下)優勝。

2011年　全日本選手権大会一般の部において10歳で初勝利。史上最年少記録を更新。

ITTF(国際卓球連盟)ジュニアサーキット・チャイニーズタイペイオープン、
ジュニア(18歳以下)シングルスで史上最年少優勝。15歳以下の部でも優勝。

2012年　世界ジュニア選手権に小学6年生で出場。

2013年　世界ジュニア選手権のシングルスでベスト8入りし、団体では準優勝に輝く。

2014年　アジアジュニア選手権、カデット(14歳以下)団体優勝。

世界ジュニア選手権シングルスでベスト8、団体準優勝、ダブルス準優勝。

同級生の平野美宇選手との女子ダブルスでITTFワールドツアーグランドファイナル
優勝、世界一に輝いた。

2015年　全日本選手権大会、ジュニアで優勝し、シングルスでは日本選手歴代最年少で
ベスト8入り。

ITTFワールドツアー・ドイツオープン、シングルスで世界最年少記録で優勝。

世界選手権 シングルス、ベスト8。日本史上最年少記録。

ITTFワールドツアー・ベラルーシオープン、シングルス優勝。

世界ランキングが10位となり、リオデジャネイロオリンピック女子団体戦代表候補に。

アジア選手権　女子団体としては、33年ぶりの決勝に進出し準優勝。

12年ぶりのダブルス銀メダル(平野美宇/伊藤美誠)獲得。シングルスはベスト8。

ITTFワールドツアーワールドツアーグランドファイナル、ダブルス準優勝。

ITTFトップ・ニュー・カマー・アワード(特別新人賞)、
年間優秀選手ブレークスルー・スターを受賞。

2016年　全日本選手権大会シングルス3位。世界選手権、団体戦で準優勝。

岸本勉／PICSPORT

仲間《なかま》と共《とも》に勝利《しょうり》の喜《よろこ》びを味《あじ》わいたい

植田直通

うえだ・なおみち

NAOMICHI UEDA

1994年《ねん》10月《がつ》24日《か》、熊本県《くまもとけん》生《う》まれ。さそり座《ざ》。体格《たいかく》のよさに恵《めぐ》まれ、高校時代《こうこうじだい》から年代別日本代表《ねんだいべつにほんだいひょう》で活躍《かつやく》。鹿島《かしま》アントラーズ所属《しょぞく》。

【オリンピック　サッカー競技】

23歳以下《さいいか》の選手《せんしゅ》でチームを構成《こうせい》する。ただし3選手《せんしゅ》までは年《ねん》齢制限《れいせいげん》なく選出《せんしゅつ》が可能《かのう》。各大陸《かくたいりく》の予選《よせん》を勝《か》ち抜《ぬ》いた16チームが4つのグループに分《わ》かれて総当《そうあ》たり戦《せん》のグループリーグを戦《たたか》う。前後半《ぜんこうはん》45分《ふん》、交代《こうたい》は3選手《せんしゅ》のみ。上位《じょうい》2チームが決勝《けっしょう》トーナメントへ進出《しんしゅつ》。

テコンドーもサッカーも好《す》きじゃなかった

「直通《なおみち》く〜ん、お母《かあ》さんから『そろそろ時間《じかん》だから』って、電話《でんわ》がかかってきたよ」

日曜日《にちようび》の昼下《ひるさ》がり。友《とも》だちの家《いえ》で遊《あそ》んでいた植田直通《うえだなおみち》は、友《とも》だちのお母《かあ》さんの言葉《ことば》に返《へん》事《じ》をするかわりに大《おお》きなため息《いき》をついた。

「そっか、テコンドーの練習《れんしゅう》があるから、もう帰《かえ》るのか」

直通《なおみち》の気持《きも》ちを代弁《だいべん》するような友《とも》だちの言葉《ことば》に、無言《むごん》で立《た》ち上《あ》がった直通《なおみち》は「じゃあ」と短《みじか》く言《い》い、家《いえ》へ向《む》かって歩《ある》き出《だ》した。

「せっかく面白《おもしろ》いところだったのに。なんで、テコンドーなんかやらなくちゃいけないんや。あぁ、もうやめたい。テコンドーなんて続《つづ》けてもしょうがないやん」

小学《しょうがく》2年生《ねんせい》になったとき、お父《とう》さんのすすめでテコンドーを始《はじ》めた。お父《とう》さんの知《し》り合《あ》いがテコンドーを教《おし》えていて、週《しゅう》に一度《いちど》、日曜日《にちようび》の午後《ごご》3時《じ》から練習《れんしゅう》が始《はじ》まる。学校《がっこう》がお休《やす》みで、朝《あさ》から友《とも》だちと思《おも》うぞんぶん遊《あそ》べる日曜日《にちようび》。昼食《ちゅうしょく》を食《た》べた後《あと》も、缶蹴《かんけ》りをしたり、鬼《おに》ごっこをしたりと楽《たの》しく時間《じかん》を過《す》ごすことができる。テコンドーさえなければ、夕暮《ゆうぐ》れまで夢中《むちゅう》で遊《あそ》べるというのに、毎週毎週《まいしゅうまいしゅう》、どこで遊《あそ》んでいても、「そろそろテコンドーの練習《れんしゅう》へ行《い》かなくちゃ」とお母《かあ》さんから連絡《れんらく》が入《はい》り、遊《あそ》びをやめなければならない。そのことに納得《なっとく》できず、直通《なおみち》はテコンドーをやめたいとずっと考《かんが》えていた。

それでも、小《ちい》さいころから体《からだ》が大《おお》きく、どんな運動《うんどう》をやっても誰《だれ》にも負《ま》けなかった直通《なおみち》はテコンドーでもその素質《そしつ》を発揮《はっき》していた。

敵《てき》と向《む》かい合《あ》い、1対《たい》1で闘《たたか》うテコンドーは格闘技《かくとうぎ》の1つで、相手《あいて》を蹴《け》る足技《あしわざ》だけでなく、拳《こぶし》で突《つ》いたり、叩《たた》いたりと激《はげ》しい動《うご》きが求《もと》められる。わずかでも「怖《こわ》い」とか「痛《いた》い」と考《かんが》え、隙《すき》を見《み》せれば、相手《あいて》に攻撃《こうげき》を許《ゆる》してしまう。すなわち負《ま》けてしまうのだ。

もともと、負《ま》けるのが大嫌《だいきら》いな性格《せいかく》だった直通《なおみち》は、テコンドーでも負《ま》けたくはなかった。だから、道場《どうじょう》へ行《い》けば、負《ま》けないために強《つよ》くなろうと、高《たか》い集中力《しゅうちゅうりょく》で練習《れんしゅう》に取《と》り組《く》んだ。そして、すぐに熊本県内《くまもとけんない》の大会《たいかい》で優勝《ゆうしょう》するほど強《つよ》くなった。

小学《しょうがく》5年生《ねんせい》のときには全国大会《ぜんこくたいかい》3位《い》にも輝《かがや》いた。その大会《たいかい》は、体重別《たいじゅうべつ》に分《わ》かれて競《きそ》う大《たい》会《かい》で、1位《い》と2位《い》は6年生《ねんせい》だったが、敗《やぶ》れたことは本当《ほんとう》に悔《くや》しかった。テコンドーの本場《ほんば》韓国《かんこく》での世界大会《せかいたいかい》にも遠征《えんせい》し3位《い》となり、その後日本《ごにほん》一にも輝《かがや》いた。

「1対《たい》1でも相手《あいて》を怖《こわ》がらずに挑《いど》めるのは、テコンドーをやっていたからだと思《おも》います」

サッカーの日本代表選手《にほんだいひょうせんしゅ》として、リオデジャネイロオリンピックへ挑《いど》む直通《なおみち》は、10年前《ねんまえ》、テコンドーの選手《せんしゅ》として、注目《ちゅうもく》を集《あつ》めていた。なぜ彼《かれ》はサッカー選手《せんしゅ》になったのか？


「俺《おれ》、サッカー始《はじ》めるから、直通《なおみち》も一緒《いっしょ》にやろうよ」

小学《しょうがく》3年生《ねんせい》のとき、友人《ゆうじん》の誘《さそ》いで緑川少年《みどりかわしょうねん》スポーツクラブでサッカーを始《はじ》めることになった。友《とも》だちに連《つ》れられてグラウンドへ行《い》くと知《し》らない小学生《しょうがくせい》がたくさんいた。

「こいつ、直通《なおみち》。今日《きょう》から一緒《いっしょ》にサッカーやるから」と紹介《しょうかい》されても、どうしていいのかわからず、ずっと下《した》を向《む》いていた。知《し》らない人《ひと》と〝一緒《いっしょ》に〟という状況《じょうきょう》は、とても居心地《いごこち》が悪《わる》かった。

「直通《なおみち》、こっちこっち。俺《おれ》にパスを出《だ》して！」

今日初《きょうはじ》めて会《あ》ったヤツから、気《き》さくに声《こえ》をかけられても、だまって足元《あしもと》に来《き》たボールを蹴《け》り返《かえ》すだけで精《せい》いっぱいだった。運動神経抜群《うんどうしんけいばつぐん》の直通《なおみち》にとって、サッカーをプレーすることが難《むずか》しいと感《かん》じはしなかったけれど、やっぱり知《し》らない小学生《しょうがくせい》が集《あつ》まるグラウンドにはなじめず、サッカーが楽《たの》しいとは思《おも》えなかった。

「僕《ぼく》はすごい人見知《ひとみし》りだったんですよ。だから練習《れんしゅう》へ行《い》くのもすっごいイヤだった」と21歳《さい》の直通《なおみち》が振《ふ》り返《かえ》る。

直通《なおみち》が生《う》まれたのは熊本県宇土市《くまもとけんうとし》という人口《じんこう》4万人《まんにん》に満《み》たない小《ちい》さな町《まち》だった。小学校《しょうがっこう》のクラスメートは19人《にん》。もちろん1学年《がくねん》にクラスは1つしかない。1年生《ねんせい》から卒業《そつぎょう》するまでずっと同《おな》じクラスでクラス替《が》えもない。しかも男子《だんし》は7人《にん》しかいないから、いつもこの7人《にん》で仲良《なかよ》く遊《あそ》んでいた。6年間《ねんかん》ずっとだ。7人《にん》との友情《ゆうじょう》はどんどん深《ふか》く強《つよ》くなった。そんな仲間《なかま》たちがサッカーを始《はじ》めるというので、「やってみよう」と思《おも》ったけれど、知《し》らないヤツらと一緒《いっしょ》にいるのは苦手《にがて》だった。そのうえ、サッカーに興味《きょうみ》もなかった。

当時《とうじ》は日本《にほん》でワールドカップが開《ひら》かれたり、Jリーグをはじめ、サッカーが盛《も》り上《あ》がっていた。日本中《にほんじゅう》がベッカム（デイビット・ベッカム、イングランド代表《だいひょう》）や日本代表《にほんだいひょう》のヒデ（中田英寿《なかたひでとし》）の話《はなし》で騒《さわ》いでいたけれど、直通《なおみち》は彼《かれ》らのことも名前《なまえ》は知《し》っているという程《てい》度《ど》で、よくは知《し》らなかった。

それでも、一度《いちど》「始《はじ》める」と言《い》ったからには、途中《とちゅう》で投《な》げ出《だ》すのはイヤだった。それはサッカーだけでなく、テコンドーも同《おな》じだ。「小学校《しょうがっこう》を卒業《そつぎょう》するまではテコンドーを続《つづ》ける」とお父《とう》さんと約束《やくそく》した。

4年生《ねんせい》になるとソフトボール部《ぶ》にも入《はい》った。ソフトボールでもサッカーでも、スポーツはなんでも得意《とくい》だった。ピッチャーもキャッチャーもショートもやった。サッカーでもフォワードからディフェンダーとあらゆるポジションで活躍《かつやく》していた。

一緒《いっしょ》に過《す》ごす時間《じかん》が長《なが》くなれば、知《し》らないヤツらも新《あたら》しい友《とも》だちに変化《へんか》していく。そして、ともに戦《たたか》うチームメート、仲間《なかま》になった。

同《おな》じ年齢《ねんれい》の友《とも》だちと比《くら》べても体《からだ》が大《おお》きい直通《なおみち》は、チームメートにとって頼《たよ》りになる選手《せんしゅ》。試合《しあい》ともなれば、ゴールを決《き》めるし、守備《しゅび》でも簡単《かんたん》に敵《てき》からボールを奪《うば》うことができた。しかし、直通1人《なおみちひとり》の活躍《かつやく》では試合《しあい》には勝《か》てなかった。直通《なおみち》のチームは、試合《しあい》に勝《か》てず、負《ま》けてばかりで悔《くや》しい思《おも》いが積《つ》み重《かさ》なった。

1対《たい》1で闘《たたか》うテコンドーは、すべてが自分次第《じぶんしだい》だ。努力《どりょく》すれば、それが勝利《しょうり》に繋《つな》がる。

負《ま》けた理由《りゆう》も自分《じぶん》で解決《かいけつ》ができる。弱点《じゃくてん》を克服《こくふく》し、練習《れんしゅう》を重《かさ》ねれば、次《つぎ》には勝《か》てた。しかし、チームスポーツのサッカーはそういうわけにはいかない。どんなに自分《じぶん》が活躍《かつやく》しても、味方《みかた》のミスで負《ま》けてしまうことだってある。

負《ま》けず嫌《ぎら》いで、人見知《ひとみし》りだったという直通《なおみち》の性格《せいかく》を考《かんが》えれば、サッカーよりも個人競技《こじんきょうぎ》であるテコンドーにより魅力《みりょく》を感《かん》じたとしても不思議《ふしぎ》ではない。

しかし、直通《なおみち》は違《ちが》った。

「テコンドーは1人《ひとり》での闘《たたか》いです。その面白《おもしろ》さもあるけれど、テコンドーの後《あと》にサッカーをやると、チームで、仲間《なかま》と一緒《いっしょ》に戦《たたか》うことの楽《たの》しさを強《つよ》く感《かん》じられるんです。勝《か》ったときにみんなで喜《よろこ》べる。喜《よろこ》びを分《わ》かち合《あ》えるというところに、魅力《みりょく》を感《かん》じ、サッカーに魅《ひ》かれていったんです」

試合《しあい》に負《ま》けて悔《くや》しいのは直通《なおみち》だけじゃなかった。ともに戦《たたか》ったチームメートもみんなが悔《くや》しい思《おも》いを胸《むね》に刻《きざ》んでいた。

「これからサッカーの練習《れんしゅう》をするぞ」

チームの練習《れんしゅう》がない放課後《ほうかご》、選手《せんしゅ》が集《あつ》まり、自主的《じしゅてき》なトレーニングが始《はじ》まる。指導《しどう》する先生《せんせい》がいなくても、「次《つぎ》の試合《しあい》に勝《か》とう！」とボールを蹴《け》った。休《やす》み時間《じかん》や休《やす》みの日《ひ》も遊《あそ》びでなく、サッカーの特訓《とっくん》に時間《じかん》を費《つい》やした。どんな練習《れんしゅう》をするか、どうすれば勝《か》てるのか、仲間《なかま》と話《はな》し合《あ》い、みんなで努力《どりょく》する時間《じかん》が楽《たの》しかった。

すぐに強《つよ》くはなれないし、簡単《かんたん》に勝《か》てるわけではなかったけれど、諦《あきら》めることなく、一生懸命《いっしょうけんめい》サッカーに取《と》り組《く》んだ。だからこそ、勝《か》ったときの喜《よろこ》びは大《おお》きい。同《おな》じ気持《きも》ちを持《も》つ仲間《なかま》の存在《そんざい》が直通《なおみち》をサッカーへと導《みちび》いた。

進学《しんがく》が予定《よてい》されていた市立住吉中学校《しりつすみよしちゅうがっこう》のサッカー部《ぶ》にも数回《すうかい》、練習参加《れんしゅうさんか》が許《ゆる》された。中学生相手《ちゅうがくせいあいて》にも力負《ちからま》けすることはなかった。

「中学校《ちゅうがっこう》へ行《い》ったら、テコンドーをやめて、もっともっと真剣《しんけん》にサッカーをやる。サッカー選手《せんしゅ》になりたい」

12歳《さい》の直通《なおみち》は、サッカーを続《つづ》けようと決意《けつい》した。

それでも、「J《ジェイ》リーガーになりたい」とか「日本代表《にほんだいひょう》になってワールドカップに出《で》る」とか、そういう夢《ゆめ》を抱《いだ》くことはなかった。J《ジェイ》リーグというプロリーグがあることは知《し》っていたけれど、ワールドカップのことは知《し》らなかった。プロ選手《せんしゅ》がどういう存在《そんざい》で、どうすればなれるのかもわからない。

ただ、好《す》きなサッカーを続《つづ》けたいと思《おも》っただけだ。

仲間《なかま》とともに勝利《しょうり》を喜《よろこ》びたい。

勝《か》ったときのあの興奮《こうふん》を味《あじ》わい続《つづ》けたいと願《ねが》っただけだった。

強《つよ》くなりたい。だから自分《じぶん》を変《か》えた

日本《にほん》には市《し》や県《けん》、地域《ちいき》などの有力選手《ゆうりょくせんしゅ》を集《あつ》めた〝選抜《せんばつ》チーム〟がある。そのトップに位置《いち》するのが日本代表《にほんだいひょう》で、年齢別《ねんれいべつ》に分《わ》けられたいくつもの日本代表《にほんだいひょう》チームが存在《そんざい》している。

日本代表《にほんだいひょう》を目指《めざ》す選手《せんしゅ》にとって、最初《さいしょ》の一歩《いっぽ》となるのが県選抜《けんせんばつ》チームだ。

小学校時代《しょうがっこうじだい》に宇土市《うとし》の選抜《せんばつ》チームに選《えら》ばれたことのある直通《なおみち》は、中学《ちゅうがく》2年生《ねんせい》のときに県《けん》選抜《せんばつ》チームに入《はい》るためのテストを受《う》けることになった。しかし、当時《とうじ》の直通《なおみち》は日本代表《にほんだいひょう》のことなど考《かんが》えてもいなかったという。

「テストに合格《ごうかく》したら、新《あたら》しいプレステを買《か》ってもらう約束《やくそく》を両親《りょうしん》としていたので、とにかくプレステが欲《ほ》しくて頑張《がんば》りました」

見事《みごと》テストに合格《ごうかく》し、週《しゅう》に一度《いちど》、県選抜《けんせんばつ》チームでの練習《れんしゅう》に参加《さんか》することになった。熊本県内《くまもとけんない》の中学生《ちゅうがくせい》の中《なか》で、その合宿《がっしゅく》に呼《よ》ばれるのは30人《にん》くらいしかいない。

「直通《なおみち》、すごいな」と中学《ちゅうがく》のチームメートたちが言《い》ってくれても、直通本人《なおみちほんにん》はまったくうれしくはなかった。またしても、大《おお》きなため息《いき》をつくだけで、合宿《がっしゅく》のことを考《かんが》えると気分《きぶん》が悪《わる》くなるほどだった。

県選抜《けんせんばつ》チームの選手《せんしゅ》のほとんどが、小学生時代《しょうがくせいじだい》から県選抜《けんせんばつ》チームに所属《しょぞく》しているエリート選手《せんしゅ》。すでに顔見知《かおみし》りのようだった。熊本市《くまもとし》など都市部《としぶ》に住《す》む生徒《せいと》も多《おお》い。都市部《としぶ》ではない宇土市《うとし》から参加《さんか》するのは直通《なおみち》ひとりだけ。友《とも》だち同士《どうし》の選手《せんしゅ》たちの輪《わ》の中《なか》へ入《はい》っていくのは大変《たいへん》だった。

「お前《まえ》、何中《なにちゅう》？」と話《はな》しかけてくれる選手《せんしゅ》もいたが、「住吉中《すみよしちゅう》」と答《こた》えても話《はなし》は続《つづ》かない。

「エッ？　住吉《すみよし》ってどこ？　知《し》ってる？」

「知《し》らん」

そんなチームの選手《せんしゅ》たちに「宇土市《うとし》にあるんだ」と教《おし》えることもできたが、直通《なおみち》にはそれができない。気《き》まずい空気《くうき》が漂《ただよ》い、直通《なおみち》は「ほっといてくれ」という態度《たいど》で、選抜《せんばつ》チームの選手《せんしゅ》たちとの間《あいだ》に壁《かべ》を築《きず》くだけだった。

グラウンドに立《た》てば、「誰《だれ》にも負《ま》けない」という気持《きも》ちを見《み》せて、戦《たたか》うことができた。走《はし》るのが速《はや》かった直通《なおみち》は、サイドハーフという攻撃的《こうげきてき》なポジションに立《た》ち、運動神経《うんどうしんけい》のよさを発揮《はっき》していた。だというのに、それ以外《いがい》の場所《ばしょ》では、1人《ひとり》で時間《じかん》を過《す》ごした。数時間《すうじかん》の練習《れんしゅう》だけでなく、合宿《がっしゅく》ともなれば、数日間《すうじつかん》それが続《つづ》いた。数人《すうにん》が1つの部屋《へや》で寝《ね》るときも、部屋《へや》の隅《すみ》っこに座《すわ》り、誰《だれ》とも話《はな》せなかった。

そんな性格《せいかく》が災《わざわ》いしたのか、大会《たいかい》や試合《しあい》に挑《いど》む選手《せんしゅ》に選《えら》ばれることはなかった。だから、「どうせ練習《れんしゅう》へ行《い》っても、試合《しあい》には出《で》られない。やっぱり行《い》きたくないな」という気持《きも》ちがますます強《つよ》くなるばかりだった。

それでも、よいこともあった。

「直通《なおみち》が県選抜《けんせんばつ》に選《えら》ばれるなら、俺《おれ》も選抜《せんばつ》に入《はい》りたい」と、チーム練習《れんしゅう》とは別《べつ》に、個人的《こじんてき》な猛特訓《もうとっくん》を始《はじ》める住吉中《すみよしちゅう》のチームメートたちがいた。自分《じぶん》の存在《そんざい》が仲間《なかま》の刺激《しげき》になっているとわかり、うれしく思《おも》えた。そして同時《どうじ》にそんな仲間《なかま》の姿《すがた》は直通《なおみち》にも刺激《しげき》になった。

「俺《おれ》も負《ま》けていられない」と一緒《いっしょ》に自主練習《じしゅれんしゅう》で汗《あせ》を流《なが》した。

住吉中《すみよしちゅう》でも試合《しあい》に負《ま》ければ、課題《かだい》や問題《もんだい》を選手《せんしゅ》たちで話《はな》し合《あ》い、それを解決《かいけつ》するために努力《どりょく》した。だから、勝《か》ったときの喜《よろこ》びは特別《とくべつ》なものになる。サッカーは自分《じぶん》のためにやっているのだけれど、同時《どうじ》に仲間《なかま》のために戦《たたか》っているという気持《きも》ちにもなれた。チームメートがミスをすれば、それを仲間《なかま》でカバーし合《あ》う。ボールを蹴《け》り、パスを繋《つな》いで、ゴールを決《き》める。ゴールはそれを決《き》めた選手《せんしゅ》だけのものではなく、頑張《がんば》ったみんなのものだ。

「さあ、行《い》くぞ！」という仲間《なかま》の声《こえ》で、疲《つか》れていた体《からだ》が元気《げんき》になる。

県選抜《けんせんばつ》の練習《れんしゅう》へ行《い》くのはゆううつだけれど、サッカーの楽《たの》しさは中学生《ちゅうがくせい》になってさらに増《ま》した。だから直通《なおみち》は思《おも》った。「もっと強《つよ》くなりたい」と。

県選抜《けんせんばつ》で試合《しあい》に出《で》られないのは、自分自身《じぶんじしん》が強《つよ》くないから。だから、レギュラー争《あらそ》いに勝《か》てないのだ。考《かんが》えてみると過去《かこ》、小学生《しょうがくせい》のときも、中学生《ちゅうがくせい》になっても、所属《しょぞく》チームでは当《あ》たり前《まえ》のようにいつも試合《しあい》に出《で》ていた。レギュラーを争《あらそ》った記憶《きおく》もない。そういう環境《かんきょう》にいても強《つよ》くはなれないと思《おも》い始《はじ》めていた。このままでよいわけはないと――。

中学《ちゅうがく》3年生《ねんせい》のとき、初《はじ》めてセレクト20という、県選抜《けんせんばつ》で試合《しあい》に出《で》る20人《にん》に残《のこ》ることができた。そのチームの3年生《ねんせい》の選手《せんしゅ》たちはみな「大津高校《おおづこうこう》へ行《い》く」と話《はな》していた。熊本県立大津高校《くまもとけんりつおおづこうこう》は、全国高等学校《ぜんこくこうとうがっこう》サッカー選手権《せんしゅけん》に熊本代表《くまもとだいひょう》として何度《なんど》も出場《しゅつじょう》している名門校《めいもんこう》だった。卒業生《そつぎょうせい》にはJ《ジェイ》リーグでプレーしている選手《せんしゅ》も多《おお》い。だから、直通《なおみち》の心《こころ》の中《なか》でも「大津高校《おおづこうこう》へ行《い》ってみたい」という気持《きも》ちは芽生《めば》えていた。20人《にん》に残《のこ》れたことで、今《いま》までにはなかった自信《じしん》も生《う》まれた。

もちろん、不安《ふあん》もある。

大津高校《おおづこうこう》へは家《いえ》からは通《かよ》えない。寮生活《りょうせいかつ》をしなければいけない。知《し》らない人《ひと》たちと暮《く》らす生活《せいかつ》ができるのか？

レベルの高《たか》い選手《せんしゅ》たちの中《なか》で、厳《きび》しいトレーニングについていけるのか？

しかし、どんな不安《ふあん》も吹《ふ》き飛《と》ぶほど強《つよ》い思《おも》いがあった。

「俺自身《おれじしん》が強《つよ》くなるためには、大津高校《おおづこうこう》へ行《い》くしかない」

そう決《き》めた直通《なおみち》は、高校選手権《こうこうせんしゅけん》の熊本県予選大会決勝戦《くまもとけんよせんたいかいけっしょうせん》を見《み》に出《で》かけた。自分《じぶん》が出場《しゅつじょう》しない試合《しあい》へ行《い》くのは、ほとんど初《はじ》めての経験《けいけん》だった。大《おお》きなスタジアムを埋《う》めた観客《かんきゃく》の多《おお》さに驚《おどろ》いた。応援《おうえん》もすごかった。

「あのユニフォームを着《き》て、俺《おれ》も決勝戦《けっしょうせん》に出《で》たい。高校選手権《こうこうせんしゅけん》へ出場《しゅつじょう》する」

そういう舞台《ぶたい》でプレーしている大津高校《おおづこうこう》の選手《せんしゅ》たちにあこがれを抱《いだ》いた。誰《だれ》かのようになりたいと思《おも》ったのも初《はじ》めてだった。

大津高校体育《おおづこうこうたいいく》コースの受験日《じゅけんび》、体育館《たいいくかん》へ行《い》くと、県選抜《けんせんばつ》で一緒《いっしょ》だった選手《せんしゅ》たちの顔《かお》が並《なら》んでいた。

「なんで、植田《うえだ》がいるの？」

誰《だれ》にも告《つ》げず受験《じゅけん》した直通《なおみち》の姿《すがた》を前《まえ》に、みんなが不思議《ふしぎ》そうな表情《ひょうじょう》を浮《う》かべていた。

「お前《まえ》も大津《おおづ》を受験《じゅけん》するの？」と冷《ひ》やかしの声《こえ》や「お前《まえ》なんか大津《おおづ》で通用《つうよう》しないよ」というような厳《きび》しい視線《しせん》もあった。

「最悪《さいあく》だな」

そんな気持《きも》ちも生《う》まれたけれど、不思議《ふしぎ》と弱気《よわき》にはならなかった。

「大津《おおづ》でサッカーをして、強《つよ》くなる」という直通《なおみち》のかたい決心《けっしん》は揺《ゆ》るがない。さまざまな運動能力《うんどうのうりょく》をはかるテストで、高《たか》い結果《けっか》を残《のこ》し、大津高校《おおづこうこう》への入学《にゅうがく》が決《き》まる。

体育《たいいく》コースは1学年《がくねん》1クラスしかなく、その大半《たいはん》がサッカー部《ぶ》の選手《せんしゅ》だった。寮《りょう》でともに生活《せいかつ》する生徒《せいと》も多《おお》い。一日中《いちにちじゅう》、一緒《いっしょ》に過《す》ごすことになる。中学《ちゅうがく》の県選抜時代《けんせんばつじだい》は自分《じぶん》の殻《から》に閉《と》じこもっていた直通《なおみち》も、仲間《なかま》の輪《わ》に解《と》け込《こ》もうと自分《じぶん》の行動《こうどう》を変《か》えた。「ほっといてくれ」という気持《きも》ちを消《け》し、積極的《せっきょくてき》に話《はな》そうと努《つと》めた。そして、チームメートたちはそんな直通《なおみち》を受《う》け入《い》れ、あっという間《ま》に仲良《なかよ》くなれた。

「想像以上《そうぞういじょう》にすぐになじめました。自分《じぶん》も努力《どりょく》したけれど、周《まわ》りの選手《せんしゅ》に助《たす》けられました。大津高校《おおづこうこう》への進学《しんがく》で、殻《から》を破《やぶ》れたと思《おも》います。そこで一歩《いっぽ》踏《ふ》み出《だ》せたからこそ、今《いま》こうやって、プロとしてサッカーができるんです」

チームメートとして、一緒《いっしょ》に努力《どりょく》し、一緒《いっしょ》に勝利《しょうり》を喜《よろこ》び合《あ》う。サッカーを通《とお》して新《あたら》しい友情《ゆうじょう》を築《きず》けた。同《おな》じ目標《もくひょう》を持《も》ち、厳《きび》しい練習《れんしゅう》を乗《の》り越《こ》えながら、目標達成《もくひょうたっせい》のために突《つ》き進《すす》んだ。しかし、努力《どりょく》をすれば必《かなら》ず目標《もくひょう》が達成《たっせい》できるというわけじゃない。

「あんなに頑張《がんば》ったのに勝《か》てないのか」

そんな悔《くや》しい思《おも》いを何度《なんど》も味《あじ》わった。でも、目標《もくひょう》は達成《たっせい》できなかったけれど、達成《たっせい》できなかったからこそ、高校時代《こうこうじだい》の3年間《ねんかん》が楽《たの》しかったと、プロになった直通《なおみち》は振《ふ》り返《かえ》る。

「目標《もくひょう》や夢《ゆめ》が達成《たっせい》できれば、もちろんうれしいです。だけど、たとえ達成《たっせい》できなかったとしても、目標《もくひょう》へ向《む》かっていく時間《じかん》は無駄《むだ》にはならない。〝次《つぎ》こそは〟と新《あら》たに挑戦《ちょうせん》するエネルギーを失《うしな》わずに〝どうにかしよう〟と、みんなで頑張《がんば》ることが楽《たの》しかった。成功《せいこう》も大《だい》事《じ》だけれど、失敗《しっぱい》だったとしても、目標《もくひょう》へ向《む》かっていく時間《じかん》が大切《たいせつ》で貴重《きちょう》だ、ということを高校時代《こうこうじだい》に経験《けいけん》できたのは、とてもよかったと思《おも》うんです」

追《お》いつき追《お》い越《こ》したいという気持《きも》ちが原動力《げんどうりょく》に

高校合格《こうこうごうかく》が決《き》まると、入学式前《にゅうがくしきまえ》からサッカー部《ぶ》の練習《れんしゅう》に参加《さんか》した。

高《たか》いテクニックを持《も》つ優秀《ゆうしゅう》な選手《せんしゅ》が集《あつ》まっていたけれど、運動能力《うんどうのうりょく》では直通《なおみち》は誰《だれ》にも負《ま》けてはいなかった。敵《てき》と体《からだ》をぶつけ合《あ》っても倒《たお》れない。高《たか》くジャンプでき、足《あし》も速《はや》い。そういう身体能力《しんたいのうりょく》の高《たか》さは、レギュラー争《あらそ》いでも有利《ゆうり》だった。入学当初《にゅうがくとうしょ》はフォワードとしてプレーし、トップチームのメンバーにも抜擢《ばってき》され、あこがれのユニフォームを手《て》にすることができた。ユニフォームはトップチームの選手《せんしゅ》しかもらえないのだ。しかし、いつもベンチに座《すわ》る控《ひか》えメンバーという立場《たちば》だった。

「植田《うえだ》、今日《きょう》からお前《まえ》はセンターバック（ディフェンダー）をやれ」

全国大会《ぜんこくたいかい》の県予選《けんよせん》で敗《やぶ》れた直後《ちょくご》、平岡和徳監督《ひらおかかずのりかんとく》はそう直通《なおみち》に告《つ》げた。高《こう》1の夏《なつ》のことだ。中学時代《ちゅうがくじだい》にもディフェンダーでプレーしたことがあったから、不安《ふあん》はなかった。確《たし》かにフォワードとしてゴールを決《き》める喜《よろこ》びは魅力的《みりょくてき》だったけれど、試合《しあい》に出《で》られない今《いま》のままでは、楽《たの》しくない。直通《なおみち》にとってサッカーの魅力《みりょく》は、チームメートと勝利《しょうり》を分《わ》かち合《あ》うことなのだから。センターバックという新《あたら》しいポジションで、自分《じぶん》の可能性《かのうせい》を試《ため》してみたいと思《おも》った。

さっそく特訓《とっくん》が始《はじ》まる。

とくに頭《あたま》でボールを弾《はじ》く、ヘディングの練習《れんしゅう》を熱心《ねっしん》にやった。

スピードに乗《の》ったボールを当《あ》てると、頭《あたま》は痛《いた》い。痛《いた》みをこらえて跳《は》ね返《かえ》しても遠《とお》くへ飛《と》ばないこともある。当《あ》たりどころが悪《わる》ければ、首《くび》にも衝撃《しょうげき》が走《はし》る。わざと重《おも》いボールを使《つか》い頭《あたま》や首《くび》を鍛《きた》えた。ジャンプするタイミングやボールをどこに当《あ》てるのか、いろいろと工《く》夫《ふう》するうちに、直通《なおみち》はどんどんヘディングの面白《おもしろ》さにはまっていった。

ゴール前《まえ》に立《た》ち、イメージ通《どお》りにボールを弾《はじ》き返《かえ》し、チームをピンチから救《すく》えたときの気《き》持《も》ちよさは、最高《さいこう》だった。

高《たか》い身体能力《しんたいのうりょく》に加《くわ》えて、ヘディングという武器《ぶき》を手《て》に入《い》れた直通《なおみち》は、選手《せんしゅ》としてどんどん成長《せいちょう》していく。大津高校《おおづこうこう》で先発《せんぱつ》メンバーとして活躍《かつやく》するだけでなく、U《ユー》－16（16歳《さい》以《い》下《か》）の日本代表《にほんだいひょう》にも選《えら》ばれ、アジア予選《よせん》を戦《たたか》い、2011年《ねん》には、U《ユー》－17（17歳《さい》以下《いか》）ワールドカップにも出場《しゅつじょう》する。

日《ひ》の丸《まる》をつけて戦《たたか》う試合《しあい》で味《あじ》わったのは、ディフェンダーとしての責任《せきにん》だった。

グループリーグを2勝《しょう》1分《わ》けのトップ通過《つうか》で、決勝《けっしょう》トーナメントに進出《しんしゅつ》。1回戦《かいせん》を勝《か》ち抜《ぬ》くものの、準々決勝《じゅんじゅんけっしょう》でブラジルと対戦《たいせん》し、2－3で負《ま》けた。

サッカー王国《おうこく》と呼《よ》ばれ、何度《なんど》も世界一《せかいいち》に輝《かがや》くブラジル。17歳以下《さいいか》の選手《せんしゅ》であっても独特《どくとく》の風格《ふうかく》があり、試合《しあい》の主導権《しゅどうけん》を握《にぎ》られてしまった。

グループリーグでともに強豪国《きょうごうこく》と呼《よ》ばれるアルゼンチンやフランスと戦《たたか》い、個人的《こじんてき》にもチームとしても、手応《てごた》えをつかんだ直通《なおみち》だったが、ブラジル戦《せん》では先《さき》に3得点《とくてん》も許《ゆる》してしまった。その後日本《ごにほん》は2点《てん》を決《き》めたものの勝利《しょうり》はできなかった。

「いつかまたブラジルと戦《たたか》い、リベンジしよう」

悔《くや》し涙《なみだ》を流《なが》すチームメートたちと誓《ちか》い合《あ》う。悔《くや》しさがつのればつのるほど、直通《なおみち》は思《おも》った。立《た》て続《つづ》けに失点《しってん》してしまった事実《じじつ》に「もっと自信《じしん》を持《も》って戦《たたか》うべきだった」と自分《じぶん》の課題《かだい》を感《かん》じていたのだ。

「強《つよ》くなりたい」と願《ねが》い、大津高校《おおづこうこう》へ進学《しんがく》した。しかし、高校《こうこう》2年生《ねんせい》の夏《なつ》、世界大会《せかいたいかい》で自《じ》分《ぶん》はまだまだ強《つよ》くならなければいけないと思《おも》い知《し》らされた。

「プロになる」

初《はじ》めて、プロサッカー選手《せんしゅ》になることをイメージした。それは「ならなくちゃいけない」という決意《けつい》でもあった。

U《ユー》－17日本代表《にほんだいひょう》の選手《せんしゅ》の多《おお》くがJ《ジェイ》リーグの下部組織《かぶそしき》、ユースチームに所属《しょぞく》していた。プロの選手《せんしゅ》たちと練習《れんしゅう》している選手《せんしゅ》もいる。誰《だれ》もが当《あ》たり前《まえ》のように「プロになる」ことを意識《いしき》し、そのための準備《じゅんび》をしていたのだ。

大津高校《おおづこうこう》の部活動《ぶかつどう》で、厳《きび》しい練習《れんしゅう》をしている自信《じしん》はあった。クラブのユースチームと対《たい》戦《せん》する試合《しあい》では、絶対《ぜったい》に負《ま》けられないと力《ちから》が入《はい》った。クラブユースの選手《せんしゅ》たちは、高校《こうこう》の部活動《ぶかつどう》に比《くら》べれば、練習環境《れんしゅうかんきょう》にも恵《めぐ》まれている。彼《かれ》らは人工芝《じんこうしば》や天然芝《てんねんしば》でトレーニングしているが、大津高校《おおづこうこう》に芝《しば》のグラウンドはない。かたい土《つち》の上《うえ》でプレーするのは大変《たいへん》だった。グラウンドの上《うえ》に倒《たお》れ込《こ》めばすり傷《きず》ができてしまうこともたびたびだ。雨《あめ》が降《ふ》れば、雨水《あまみず》を吸《す》った土《つち》が柔《やわ》らかくなり、足元《あしもと》やボールが重《おも》くなる。芝《しば》ならそんなことは少《すく》ない。

それでも、クラブユースの選手《せんしゅ》をうらやましいと思《おも》うことはなかった。

「俺《おれ》は土《つち》のグラウンドで毎日必死《まいにちひっし》に戦《たたか》っている。高校《こうこう》サッカーの意地《いじ》を見《み》せつけてやる」

それは代表《だいひょう》チームでも同《おな》じだった。高校部活動組《こうこうぶかつどうぐみ》の選手《せんしゅ》はチームに2、3人《にん》しかいない。だからこそ、「高校《こうこう》サッカーの代表《だいひょう》として、アイツらには負《ま》けられない」という自負《じふ》を持《も》ち続《つづ》けていた。

しかし、直通《なおみち》はグラウンドを離《はな》れたクラブユース組《ぐみ》の姿《すがた》に衝撃《しょうげき》を受《う》けていた。

ビュッフェ形式《けいしき》の食事《しょくじ》でも彼《かれ》らは、食《た》べたいものを食《た》べるというのではなく、野菜《やさい》や肉《にく》、魚《さかな》をバランスよく食《た》べている。エネルギーに変《か》わる炭水化物《たんすいかぶつ》を食《た》べるタイミングも考《かんが》えていた。

試合《しあい》へ向《む》けての準備《じゅんび》にも細《こま》かい気配《きくば》りをしている。試合後《しあいご》には疲労《ひろう》を溜《た》めないように丁寧《ていねい》なストレッチをし、体《からだ》のケアを怠《おこた》らない。

「これがプロを目指《めざ》す選手《せんしゅ》たちの姿《すがた》なのか」

疲《つか》れたら寝《ね》ればいい。毎日《まいにち》お腹《なか》がいっぱいになれば何《なに》を食《た》べてもかまわない。体力《たいりょく》をつけるためには肉《にく》をたくさん食《た》べればいいだろう――。そんなふうにしか考《かんが》えてこなかった直通《なおみち》にとって、クラブユースに所属《しょぞく》する選手《せんしゅ》たちの姿《すがた》は、大人《おとな》びて見《み》えた。常《つね》にプロ選手《せんしゅ》たちのそばで、プロを身近《みぢか》に感《かん》じながら暮《く》らしている彼《かれ》らと自分《じぶん》との違《ちが》いを知《し》った。

グラウンドでのプレーだけでなく、グラウンドを離《はな》れた時間《じかん》も大切《たいせつ》なのだ。

高校卒業後《こうこうそつぎょうご》について真剣《しんけん》に考《かんが》えたことはなかったが、このままでは数年後《すうねんご》、クラブユースチームの選手《せんしゅ》との距離《きょり》が大《おお》きく開《ひら》いていくんじゃないかと思《おも》えてならなかった。

彼《かれ》らに追《お》いつき、彼《かれ》らを追《お》い越《こ》すためには、俺《おれ》もプロになり、同《おな》じ舞台《ぶたい》に立《た》つしかない。

ブラジルに敗《やぶ》れた悔《くや》しさは、直通《なおみち》に新《あたら》しい目標《もくひょう》を与《あた》えてくれた。

2012年《ねん》にはU《ユー》-19（19歳以下《さいいか》）日本代表《にほんだいひょう》として、U《ユー》-20（20歳以下《さいいか》）ワールドカップ出場権《しゅつじょうけん》をかけたアジア予選《よせん》に出場《しゅつじょう》するものの、世界大会《せかいたいかい》の切符《きっぷ》を手《て》にすることはできなかった。

それでも、J《ジェイ》リーグの多《おお》くのクラブから、プロ契約《けいやく》のオファーが届《とど》いた。そんな中《なか》、高《こう》校2年生《ねんせい》のころから、熱心《ねっしん》に誘《さそ》ってくれたのが鹿島《かしま》アントラーズだった。

J《ジェイ》リーグ最多優勝回数《さいたゆうしょうかいすう》を誇《ほこ》り、数多《かずおお》くの日本代表選手《にほんだいひょうせんしゅ》が所属《しょぞく》していたあのアントラーズが、自分《じぶん》を欲《ほ》しいと言《い》ってくれている。最初《さいしょ》は信《しん》じられなかった。

「アントラーズのロゴが入《はい》っているよ!!」

アントラーズのスカウトスタッフが手渡《てわた》してくれた名刺《めいし》は本物《ほんもの》だった。

その後《ご》、次々《つぎつぎ》といろいろなクラブの名刺《めいし》が直通《なおみち》の元《もと》に集《あつ》まった。「すぐにでもレギュラー選手《せんしゅ》として活躍《かつやく》できる」と言《い》ってくれたクラブもある。逆《ぎゃく》にアントラーズのスタッフは、試合出場《しあいしゅつじょう》を約束《やくそく》してはくれなかった。強豪《きょうごう》アントラーズで簡単《かんたん》に試合《しあい》に出《で》られるとは、直《なお》通自身《みちじしん》も考《かんが》えてはいなかった。だけど、だからこそ、アントラーズで挑戦《ちょうせん》したいと思《おも》った。

「アントラーズは一番試合《いちばんしあい》に出《で》るのが難《むずか》しいクラブかもしれない。でも、そういう厳《きび》しい環境《かんきょう》で競争《きょうそう》し、ポジションを勝《か》ち取《と》りたい」

中学時代《ちゅうがくじだい》の県選抜《けんせんばつ》でもそうだった。大津高校《おおづこうこう》へ行《い》っても同《おな》じだ。U《ユー》－16（16歳以下《さいいか》）日本代表《にほんだいひょう》でも、U《ユー》－19日本代表《にほんだいひょう》でも、競《きそ》い合《あ》うことで成長《せいちょう》し、強《つよ》くなれたのだから、プロでも同《おな》じようなチャレンジを続《つづ》けたい。自分《じぶん》よりレベルの高《たか》い選手《せんしゅ》に追《お》いつき、追《お》い越《こ》したいという気持《きも》ちが、頑張《がんば》るための原動力《げんどうりょく》になるのだ。

2013年《ねん》、アントラーズと契約《けいやく》を結《むす》び、念願《ねんがん》のプロ選手《せんしゅ》になったが、1年目《ねんめ》はほとんど試合《しあい》には出《で》られなかった。少《すこ》しずつ試合出場《しあいしゅつじょう》のチャンスをつかんだ2014年《ねん》。年末《ねんまつ》には日本代表《にほんだいひょう》に選《えら》ばれて、翌《よく》2015年《ねん》1月《がつ》のアジアカップに挑《いど》んだ。試合出場《しあいしゅつじょう》はなかったけれど、日本《にほん》のトップ選手《せんしゅ》たちと過《す》ごした時間《じかん》は貴重《きちょう》な体験《たいけん》となった。

そのシーズンもアントラーズではレギュラーに定着《ていちゃく》することはできなかった。他《ほか》のクラブから移籍《いせき》のオファーが届《とど》いたけれど、「アントラーズでポジションを手《て》にする」という決意《けつい》が揺《ゆ》らぐことはなかった。

「12歳《さい》の自分《じぶん》に何《なに》か言《い》うとしたら〝もっとサッカーのことを学《まな》べ〟と言《い》いたいですね」と笑《わら》う。運動神経《うんどうしんけい》のよさを武器《ぶき》に選手《せんしゅ》として、レベルアップしてきた直通《なおみち》だが、もっとサッカーを知《し》り、考《かんが》える力《ちから》を身《み》につけていればよかったと思《おも》うのだ。

プロになって学《まな》んだのは、その体《からだ》のより効果的《こうかてき》な使《つか》い方《かた》だった。敵《てき》と1対《たい》1になる場面《ばめん》でも体《からだ》の向《む》きを工夫《くふう》することで、相手《あいて》のプレーを阻止《そし》できるし、視界《しかい》の広《ひろ》さも変《か》わる。そして、相手《あいて》のプレーや試合《しあい》の流《なが》れを読《よ》む、〝考《かんが》える〟ことの重要性《じゅうようせい》も学《まな》んでいった。

アントラーズの先輩《せんぱい》たちも使《つか》った秘密兵器《ひみつへいき》で、得意《とくい》なヘディングにも磨《みが》きをかけた。20キロの重《おも》りを頭《あたま》から吊《つ》るして、鍛《きた》えているのだ。ヘディングも奥《おく》が深《ふか》い。

「たとえば、相手《あいて》の選手《せんしゅ》とヘディングで競《せ》り合《あ》う場面《ばめん》でも、どのタイミングで体《からだ》を当《あ》てるのか、そして跳《と》ぶのか、さまざまな駆《か》け引《ひ》きがあるんです。見《み》た目《め》にはただ思《おも》い切《き》って跳《と》んでいるだけに見《み》えるかもしれないけれど」

そういういくつもの駆《か》け引《ひ》きを経《へ》て、相手《あいて》に勝《か》てたときのうれしさがヘディングの魅力《みりょく》だと語《かた》る。

リオデジャネイロオリンピックを目指《めざ》す日本代表《にほんだいひょう》チームでは、不動《ふどう》のセンターバックとして活躍《かつやく》し、アジア予選《よせん》を戦《たたか》い、経験《けいけん》を積《つ》んだ。そして、２０１６年《ねん》1月《がつ》リオデジャネイロオリンピック出場権《しゅつじょうけん》をかけたＡＦＣ《エーエフシー》Ｕ《ユー》－23選手権《せんしゅけん》で優勝《ゆうしょう》し、アジア王者《おうじゃ》として五輪本番《ごりんほんばん》へと挑《いど》むことが決《き》まった。

目標《もくひょう》だった五輪《ごりん》の舞台《ぶたい》に立《た》ち、自分《じぶん》に何《なに》ができ、何《なに》ができないのかを確《たし》かめる。その経験《けいけん》が次《つぎ》の目標《もくひょう》へと繋《つな》がる。それはヨーロッパのクラブでプレーするという目標《もくひょう》だ。

熊本《くまもと》の人《ひと》たちに勝利《しょうり》の喜《よろこ》びを届《とど》けたい

そのとき、直通《なおみち》は茨城県鹿嶋市内《いばらきけんかしましない》のアントラーズの寮《りょう》でテレビを見《み》ていた。その画面《がめん》に「緊急地震速報《きんきゅうじしんそくほう》」が流《なが》れた。

「4月《がつ》14日《か》21時《じ》26分《ぷん》ごろ地震《じしん》がありました。震源地《しんげんち》は熊本県熊本地方《くまもとけんくまもとちほう》。地震《じしん》の最大震度《さいだいしんど》は7と推定《すいてい》されます」

〝熊本《くまもと》〟という文字《もじ》にリラックスしていた体《からだ》がかたくなるのがわかった。各地《かくち》の震度《しんど》が表示《ひょうじ》されていく。見慣《みな》れた故郷《こきょう》の地名《ちめい》が並《なら》んでいる。そこには「宇土市《うとし》」の文字《もじ》もあった。震度《しんど》5強《きょう》。ゾクッとした。

携帯電話《けいたいでんわ》が鳴《な》る。

「家族《かぞく》はみんな無事《ぶじ》に避難《ひなん》したから、大丈夫《だいじょうぶ》だよ」

「大丈夫《だいじょうぶ》なん？」

お父《とう》さんの声《こえ》はいつもと変《か》わらず明《あか》るかった。だから、ホッとできた。それでも、テレビには、次々《つぎつぎ》と被災状況《ひさいじょうきょう》が紹介《しょうかい》されている。懐《なつ》かしい故郷《こきょう》が文字通《もじどお》り破壊《はかい》されている様子《ようす》を見《み》るのはつらかった。

明日《あした》の練習《れんしゅう》へ向《む》けて、睡眠《すいみん》をとらなければいけない。わかっていてもなかなか寝《ね》つけなかった。

家族《かぞく》、友人《ゆうじん》……熊本《くまもと》で暮《く》らす人《ひと》たちの顔《かお》が、次々《つぎつぎ》と頭《あたま》の中《なか》に浮《う》かんでくる。

「実家《じっか》、どうなんだ」

翌日練習《よくじつれんしゅう》へ行《い》くと、アントラーズのスタッフやチームメートが、心配《しんぱい》そうに声《こえ》をかけてくれた。

「大丈夫《だいじょうぶ》だと連絡《れんらく》がありました」

普段《ふだん》からどちらかといえば無口《むくち》な方《ほう》だけれど、この日《ひ》はいつも以上《いじょう》に言葉《ことば》が少《すく》なくなった。何《なに》かを話《はな》し出《だ》せば、不安《ふあん》がドッとあふれ出《で》るような気《き》がした。16日《にち》にはJ《ジェイ》リーグの試合《しあい》が予定《よてい》されている。大事《だいじ》な試合《しあい》を前《まえ》にチームの雰囲気《ふんいき》を悪《わる》くするわけにはいかない。そして、自分《じぶん》が今《いま》できることは、その試合《しあい》で全力《ぜんりょく》を尽《つ》くすことしかないんだとも思《おも》った。今《いま》すぐにでも熊本《くまもと》へ帰《かえ》りたい。そういう気持《きも》ちもあるけれど、試合《しあい》を放《ほう》り出《だ》すなんてできないし、そんなことをして家族《かぞく》が喜《よろこ》んでくれるはずもない。

「僕《ぼく》にできるのはサッカー。熊本《くまもと》が元気《げんき》になるようなプレーをしたい」

練習後《れんしゅうご》、報道陣《ほうどうじん》に囲《かこ》まれて、自分《じぶん》に言《い》い聞《き》かせるようにそう答《こた》えた。

その夜《よる》、再《ふたた》び震度《しんど》7の揺《ゆ》れが熊本《くまもと》を襲《おそ》い、家族《かぞく》は車《くるま》で高台《たかだい》へ避難《ひなん》した。

何度《なんど》も訪《おとず》れたことのある宇土市役所《うとしやくしょ》が崩《くず》れてしまった。目《め》を覆《おお》いたくなる被害《ひがい》の状況《じょうきょう》に胸《むね》が痛《いた》んだけれど、テレビから目《め》を離《はな》すことはできなかった。遠《とお》く離《はな》れた場所《ばしょ》にいながらも、熊本《くまもと》にいる人《ひと》たちのそばに心《こころ》を寄《よ》せていたかったから。

4月《がつ》16日《にち》、BMW《ビーエムダブリュー》スタジアム平塚《ひらつか》で湘南《しょうなん》ベルマーレと対戦《たいせん》。スタンドのアントラーズサポーターからは、「植田《うえだ》コール」がおくられた。その声《こえ》を力《ちから》に3－0と勝利《しょうり》する。相手《あいて》に得点《とくてん》を許《ゆる》さなかった直通《なおみち》は、試合後《しあいご》のインタビューで「今日《きょう》は特別《とくべつ》な思《おも》いがあったのではないでしょうか？」と聞《き》かれると、すぐには言葉《ことば》を発《はっ》することができなかった。ずっと溜《た》めていた熱《あつ》い思《おも》いが涙《なみだ》となって、流《なが》れ落《お》ちた。

「僕《ぼく》はそれしかない」

サッカーをプレーすることで、被災《ひさい》し、苦労《くろう》している熊本《くまもと》の人《ひと》たちへエールをおくりたかった。勝利《しょうり》した喜《よろこ》びを故郷《こきょう》の人《ひと》たちと分《わ》かち合《あ》う日《ひ》が早《はや》く訪《おとず》れることを願《ねが》った。

4月《がつ》17日《にち》、直通《なおみち》は熊本《くまもと》へ向《む》かった。午前中《ごぜんちゅう》の練習《れんしゅう》を終《お》えて、福岡《ふくおか》へ移動《いどう》し、レンタカーを借《か》り、水《みず》や食《た》べ物《もの》など救援物資《きゅうえんぶっし》を積《つ》んで、故郷《こきょう》へと車《くるま》を走《はし》らせた。小笠原満男選手《おがさわらみつおせんしゅ》と西《にし》大伍選手《だいごせんしゅ》、後輩《こうはい》たちも一緒《いっしょ》だった。

練習《れんしゅう》が休《やす》みとなる18日《にち》を利用《りよう》して、熊本《くまもと》へ帰《かえ》ろうと決《き》めていた直通《なおみち》は、まずはクラブに許可《きょか》をもらい、その後《ご》、先輩《せんぱい》の小笠原選手《おがさわらせんしゅ》と西選手《にしせんしゅ》に「何《なに》を持《も》っていけばよいのか」と相《そう》談《だん》をもちかけた。

小笠原選手《おがさわらせんしゅ》は2011年《ねん》の東日本大震災《ひがしにほんだいしんさい》で、故郷《こきょう》の岩手県《いわてけん》が被災《ひさい》した経験《けいけん》をしている。地震直後《じしんちょくご》から被災地《ひさいち》へ行《い》き、ボランティア活動《かつどう》を開始《かいし》。鹿嶋《かしま》へ戻《もど》ってからも救援物資《きゅうえんぶっし》を送《おく》り、今《いま》でも、被災地《ひさいち》でサッカー教室《きょうしつ》を行《おこな》ったり、復興《ふっこう》のために力《ちから》を尽《つ》くしている。

東日本大震災《ひがしにほんだいしんさい》は、熊本《くまもと》で暮《く》らしていた直通《なおみち》にとっても衝撃的《しょうげきてき》だった。

「被災地《ひさいち》のために何《なに》かできないか」と思《おも》ったけれど、高校生《こうこうせい》だった直通《なおみち》はわずかな貯金《ちょきん》を募金《ぼきん》することしかできなかった。アントラーズの一員《いちいん》として鹿嶋《かしま》で暮《く》らすようになると、その鹿嶋《かしま》でもたくさんの被害《ひがい》があり、選手《せんしゅ》やスタッフの多《おお》くが苦痛《くつう》を味《あじ》わったと知《し》った。

実際《じっさい》、地震《じしん》の被害《ひがい》でひび割《わ》れた道路《どうろ》を車《くるま》で走《はし》ることもあった。

「満男《みつお》さん、俺《おれ》にもできることがあったら、なんでもやりますから」

代表《だいひょう》での活動《かつどう》スケジュールと重《かさ》なったりして、被災地《ひさいち》でのサッカー教室《きょうしつ》に参加《さんか》することはなかったが、今年《ことし》こそ、行《い》きたいと思《おも》っていた。

「ナオ、俺《おれ》らも一緒《いっしょ》に行《い》くよ、熊本《くまもと》」

小笠原選手《おがさわらせんしゅ》の言葉《ことば》に、直通《なおみち》は驚《おどろ》いた。そして即座《そくざ》に断《ことわ》った。うれしかったけれど、まだ余震《よしん》も続《つづ》く被災地《ひさいち》へ連《つ》れて行《い》くことが不安《ふあん》だった。それでも「できることはなんでもするよ」と小笠原選手《おがさわらせんしゅ》の決意《けつい》は変《か》わらない。チームの選手会長《せんしゅかいちょう》である西選手《にしせんしゅ》も「俺《おれ》も行《い》くから」と笑顔《えがお》で言《い》ってくれた。そして後輩《こうはい》たちもそれに続《つづ》いた。

飛行機《ひこうき》のチケットを手《て》に入《い》れただけで、何《なに》をすればよいのかもわからなかった直通《なおみち》にとって、先輩《せんぱい》たちの存在《そんざい》は力強《ちからづよ》かった。避難所《ひなんじょ》にいる人《ひと》たちに必要《ひつよう》なものをアドバイスしてくれた。被災地《ひさいち》の被害《ひがい》をその目《め》で見《み》て大《おお》きなショックを受《う》けた直通《なおみち》だったが、そのそばで、しっかりと行動《こうどう》するチームメートの姿《すがた》に気持《きも》ちを強《つよ》く持《も》てた。

被災《ひさい》した人《ひと》たちは食《た》べるものも少《すく》なく、安心《あんしん》できる場所《ばしょ》もない。お風呂《ふろ》に入《はい》ることもできず、歯《は》を磨《みが》くのさえ苦労《くろう》している。地震《じしん》によって、当《あ》たり前《まえ》だった生活《せいかつ》を奪《うば》われてしまったのだ。そういう人《ひと》たちにたとえわずかでも力《ちから》を貸《か》したい、少《すこ》しでも元気《げんき》になってもらえたら……という気持《きも》ちで、避難所《ひなんじょ》を訪問《ほうもん》した。

苦《くる》しい状況《じょうきょう》にいる人《ひと》たちが笑顔《えがお》で「いつも応援《おうえん》しているよ」「オリンピックで頑張《がんば》ってね」と声《こえ》をかけてくれた。「ありがとう」と言《い》ってもらうたび、直通《なおみち》は、心《こころ》にエネルギーが溜《た》まっているような気《き》がした。

「とてもつらいはずなのに、すごく応援《おうえん》してくれて、逆《ぎゃく》に元気《げんき》をもらえた。だからこそ、より恩返《おんがえ》しをしたいという気持《きも》ちが強《つよ》くなった。まずはオリンピック。その舞台《ぶたい》で勝利《しょうり》し結果《けっか》を残《のこ》すことで、喜《よろこ》んでくれる人《ひと》が少《すこ》しでもいたらうれしい」

仲間《なかま》たちと一緒《いっしょ》に、勝利《しょうり》の喜《よろこ》びを分《わ》かち合《あ》いたい。

12歳《さい》のとき、そう考《かんが》えて、サッカーを続《つづ》けようと決意《けつい》した。

そして今《いま》、チームメートだけでなく、被災《ひさい》した熊本《くまもと》の人《ひと》たちと歓喜《かんき》を味《あじ》わいたいと考《かんが》えるようになった。

そのためには、厳《きび》しい環境《かんきょう》で競争《きょうそう》し、強《つよ》くならねばならない。

さらに上《うえ》を目指《めざ》し、追《お》いつき、追《お》い越《こ》す。

リオデジャネイロオリンピックは、さらなる挑戦《ちょうせん》のきっかけをつかむ舞台《ぶたい》となるはずだ。

【植田直通　リオ五輪へのあゆみ】

1994年10月24日生まれ。
2002年　テコンドーを始める。
2003年　緑川少年スポーツクラブでサッカーを始める。
2007年　宇土市立住吉中学校へ進学。テコンドーをやめて、サッカーに専念する。
2010年　熊本県立大津高等学校へ進学。
16歳以下の選手で構成される日本代表として、
U-16アジア選手権に出場し3位。
2011年　U-17ワールドカップ出場、ベスト8。
2012年　U-19アジア選手権に出場するもののベスト8。世界大会の出場を逃す。
2013年　鹿島アントラーズとプロ契約を結ぶ。
2015年　アジアカップを戦う日本代表に選出される。
2016年　U-23アジア選手権で優勝し、リオ五輪への出場権を獲得する。

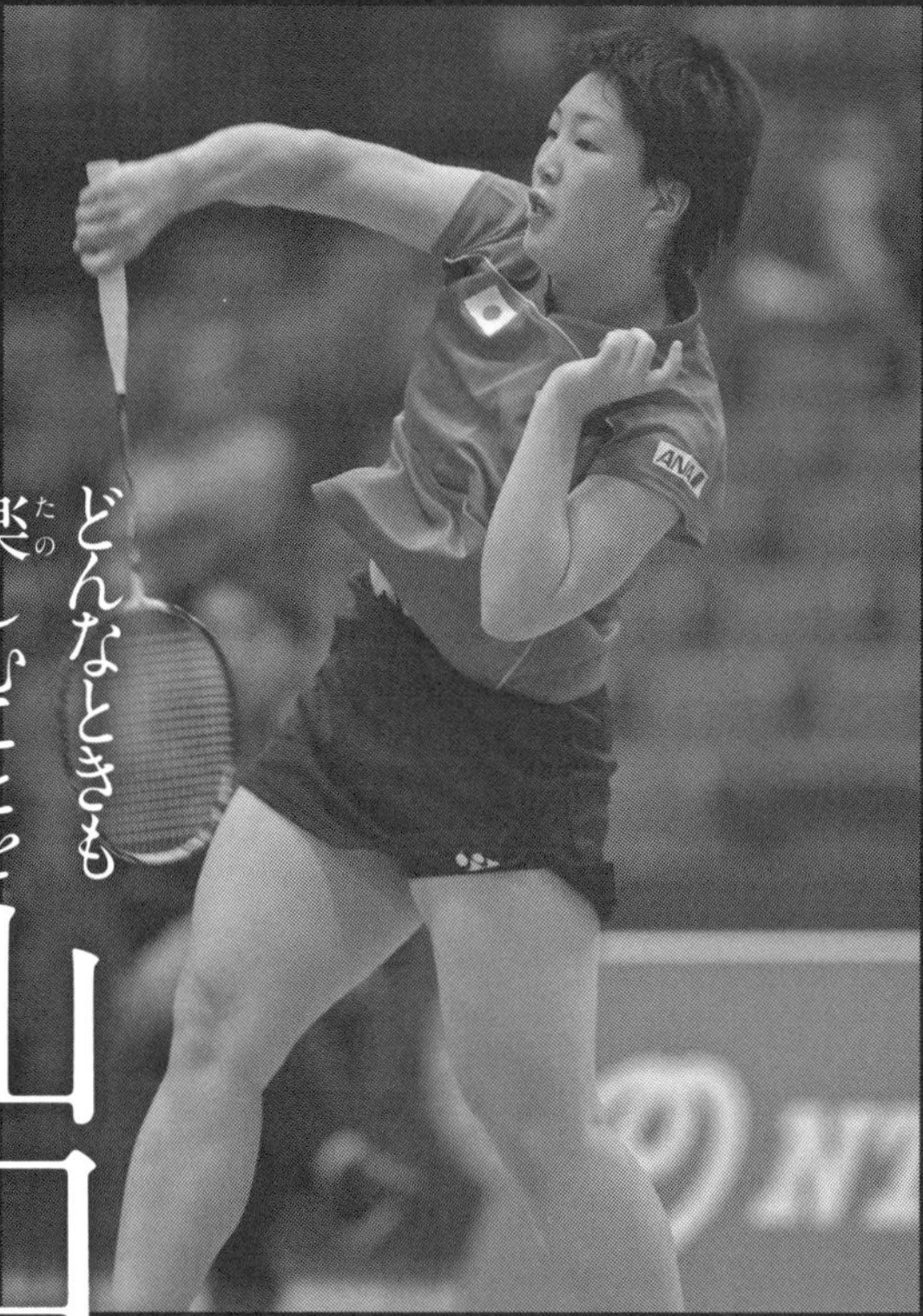

藤岡雅樹／小学館

どんなときも
楽《たの》しむことを
忘《わす》れずに

山口 茜

やまぐち・あかね

AKANE YAMAGUCHI

1997年《ねん》6月《がつ》6日《か》、福井県《ふくいけん》生《う》まれ。ふたご座《ざ》。バドミントンは3歳《さい》から始《はじ》め、小学生時代《しょうがくせいじだい》に全国大会《ぜんこくたいかい》で9度優勝《どゆうしょう》。中学時代《ちゅうがくじだい》から世界大会《せかいたいかい》でも活躍《かつやく》。高校生時代《こうこうせいじだい》にもインターハイ3連覇《れんぱ》。くまもと再春館製薬所《さいしゅんかんせいやくしょ》　バドミントン部所属《ぶしょぞく》。

【オリンピック　バドミントン女子】

1ゲーム21点《てん》で2ゲームを取《と》った選手《せんしゅ》が勝利《しょうり》。20−20となった場合《ばあい》は2点差《てんさ》をつけるか、30点目《てんめ》を先《さき》に取《と》った方《ほう》が勝者《しょうしゃ》となる。オリンピックには世界《せかい》ランキング16位以上《いいじょう》の選手《せんしゅ》が出場《しゅつじょう》権《けん》を得《え》るが、1か国《こく》2組《くみ》まで。山口茜選手《やまぐちあかねせんしゅ》が出場《しゅつじょう》する男女《だんじょ》シングルス以外《いがい》に男女《だんじょ》ダブルス、混合《こんごう》ダブルスがトーナメント形式《けいしき》で競《きそ》う。

無敵《むてき》の小学生《しょうがくせい》

「オリンピックに出《で》て、1位《い》になりたいです」

2004年《ねん》9月1日《がつついたち》。福井県勝山市教育委員会《ふくいけんかつやましきょういくいいんかい》を訪《おとず》れた山口茜《やまぐちあかね》は、市《し》の偉《えら》い人《ひと》や報道陣《ほうどうじん》を前《まえ》にそう話《はな》した。平泉寺小学校《へいせんじしょうがっこう》1年生《ねんせい》の茜《あかね》は、1週間前《しゅうかんまえ》に行《おこな》われた全国小学生《ぜんこくしょうがくせい》ABC《エービーシー》大会《たいかい》の小《しょう》1小《しょう》2の部《ぶ》で優勝《ゆうしょう》したばかり。オリンピックのこともあまりよくわかってはいなかったけれど、「目標《もくひょう》はなんですか」と質問《しつもん》されて、迷《まよ》うことなく答《こた》えた。

全国小学生《ぜんこくしょうがくせい》ABC《エービーシー》大会《たいかい》は、小《しょう》1小《しょう》2の部《ぶ》、小《しょう》3小《しょう》4の部《ぶ》、小《しょう》5小《しょう》6の部《ぶ》に分《わ》かれ、県予選《けんよせん》を勝《か》ち抜《ぬ》いた選手《せんしゅ》が出場《しゅつじょう》する。茜《あかね》は2004年以降《ねんいこう》、すべての大会《たいかい》で決勝戦《けっしょうせん》に進出《しんしゅつ》。小学《しょうがく》3年生《ねんせい》のときに準優勝《じゅんゆうしょう》になった以外《いがい》は、5度《ど》の日本一《にほんいち》に輝《かがや》いている。そればかりか、全国小学生《ぜんこくしょうがくせい》バドミントン選手権《せんしゅけん》でも3年《ねん》、4年《ねん》、5年《ねん》、6年《ねん》と優勝《ゆうしょう》した無敵《むてき》の小学生《しょうがくせい》だった。

「今《いま》、身長《しんちょう》が156センチなんですけど、小学校《しょうがっこう》の高学年《こうがくねん》で152センチだったから、とても有利《ゆうり》だったと思《おも》います。勝《か》つのが当《あ》たり前《まえ》という感《かん》じでした。だから、勝《か》ってもなんとも思《おも》わない。勝敗《しょうはい》という結果《けっか》にはそれほど興味《きょうみ》がなかったかもしれません」

それでも、自分《じぶん》が大会《たいかい》で優勝《ゆうしょう》すれば、たくさんの人《ひと》が笑顔《えがお》で「おめでとう」と言《い》ってくれる。そのことがとてもうれしかった。


茜《あかね》が生《う》まれた勝山市《かつやまし》は人口《じんこう》が2万《まん》5000人《にん》ほどの小《ちい》さな町《まち》だが、バドミントンをプレーする人《ひと》たちが多《おお》く、子《こ》どもたちも幼《おさな》いころからバドミントンに慣《な》れ親《した》しんだ。8歳《さい》、7歳《さい》と年《とし》の離《はな》れた茜《あかね》の2人《ふたり》のお兄《にい》さんたちも小学生《しょうがくせい》のころからバドミントンをしていた。お兄《にい》さんの練習《れんしゅう》や試合《しあい》があると、お父《とう》さんやお母《かあ》さんも体育館《たいいくかん》へ出《で》かけるため、赤《あか》ちゃんの茜《あかね》も一緒《いっしょ》に体育館《たいいくかん》へ行《い》った。だから、まだおむつをつけるほど幼《おさな》い茜《あかね》がバドミントンのラケットやシャトルを手《て》に取《と》ったのも自然《しぜん》のなりゆきだった。

ラケットを勝手《かって》に振《ふ》り始《はじ》めたのが3歳《さい》。そして、お母《かあ》さんが投《な》げるシャトルを打《う》ち返《かえ》すのが楽《たの》しくなっていく。

5歳《さい》のとき、お父《とう》さんが指導者《しどうしゃ》を務《つと》めていた平泉寺《へいせんじ》スポーツクラブに所属《しょぞく》し、本格的《ほんかくてき》にバドミントンを始《はじ》めた茜《あかね》は、小学《しょうがく》1年生《ねんせい》以下《いか》が出場《しゅつじょう》する福井県《ふくいけん》の大会《たいかい》で優勝《ゆうしょう》する。

「生《う》まれたころから末《すえ》っ子《こ》で、兄《あに》とは年《とし》が離《はな》れていたにもかかわらず、その兄《あに》すらライバルだって普《ふ》通《つう》に考《かんが》えているような子《こ》どもだったんです。お兄《にい》ちゃんが小学生《しょうがくせい》で私《わたし》が保《ほ》育園《いくえん》に通《かよ》っていたころは、いつも言《い》い争《あらそ》いというかケンカしていたそうです。あまり覚《おぼ》えてはいないけれど、多分《たぶん》、ゲームで『もっと手《て》加《か》減《げん》してよ』とか、おもちゃの取《と》り合《あ》いとか、そんな感《かん》じだと思《おも》うんですけど」

だから、小学生《しょうがくせい》相手《あいて》の対戦《たいせん》でも、不安《ふあん》になるようなことはなかった。茜《あかね》にとっては年《とし》の差《さ》なんて関係《かんけい》がなかったのだろう。このころからすでに身長《しんちょう》も高《たか》く、力強《ちからづよ》いプレーで相手《あいて》を上回《うわまわ》り、スーパー小学生《しょうがくせい》への道《みち》を歩《あゆ》み出《だ》した。

茜《あかね》が通《かよ》った平泉寺《へいせんじ》小学校《しょうがっこう》では、一学年《いちがくねん》に9人《にん》しか生徒《せいと》がいなかった。そのほとんどが保《ほ》育園《いくえん》時代《じだい》からの友《とも》だちで、中学《ちゅうがく》、高校《こうこう》と同《おな》じ学校《がっこう》へ進学《しんがく》することになる。

「小学校《しょうがっこう》を卒業《そつぎょう》したとき8人《にん》だったんですけど、そのうち7人《にん》が同《おな》じ高校《こうこう》を卒業《そつぎょう》しました。ずっと一緒《いっしょ》なので、きょうだいのような感《かん》じです。勝山《かつやま》は小《ちい》さい町《まち》ですけど、すごく温《あたた》かみがあるんです。小学生《しょうがくせい》のころ、近所《きんじょ》に住《す》んでいる方々《かたがた》が登下校《とうげこう》する子《こ》どもたちを見守《みまも》ってくれる見守《みまも》り隊《たい》というのをつくってくれて。自分《じぶん》の孫《まご》や子《こ》どもでもないのに、毎日《まいにち》声《こえ》をかけてくださったりして。みなさんに見守《みまも》られ、育《そだ》ててもらったと思《おも》っています」

運動神経《うんどうしんけい》がよくて、体《からだ》を動《うご》かす遊《あそ》びでは誰《だれ》にも負《ま》けない茜《あかね》だったが、リーダーとして引《ひ》っ張《ぱ》っていくような性格《せいかく》ではなかった。バドミントンの試合《しあい》ではどんな強敵《きょうてき》を前《まえ》にしても、ひるむことなく戦《たたか》っているのに、それ以外《いがい》ではおとなしい子《こ》どもだった。

「人前《ひとまえ》でしゃべったりするのが苦手《にがて》で、試合《しあい》よりも緊張《きんちょう》するんです」と茜自身《あかねじしん》も振《ふ》り返《かえ》る。

それでも不思議《ふしぎ》と茜《あかね》の周《まわ》りには友《とも》だちが集《あつ》まってきた。自分《じぶん》から積極的《せっきょくてき》に話《はな》すわけではないけれど、友《とも》だちがワイワイ話《はな》している様子《ようす》を見《み》ているのが好《す》きだった。

バドミントンで何度《なんど》も日本一《にほんいち》に輝《かがや》いているというのに、少《すこ》しも偉《えら》そうな態度《たいど》を取《と》ることがない。「茜《あかね》ちゃん、すごいねぇ」とほめられても、照《て》れくさそうに笑《わら》うだけ。バドミントンではスーパー小学生《しょうがくせい》なのに、普段《ふだん》は友《とも》だちを大切《たいせつ》にする普通《ふつう》の小学生《しょうがくせい》だった。

小学《しょうがく》5年生《ねんせい》のときにはジュニアナショナルチーム（U《ユー》－13女子《じょし》。13歳以下《さいいか》）にも選《えら》ばれて、海外遠征《かいがいえんせい》も経験《けいけん》。全国大会《ぜんこくたいかい》に優勝《ゆうしょう》するたびに勝山市長《かつやましちょう》を表敬訪問《ひょうけいほうもん》し、その様子《ようす》が新聞《しんぶん》などで報《ほう》じられる。その記事《きじ》の多《おお》くで茜《あかね》は小学《しょうがく》1年生《ねんせい》のときのように「オリンピック」という発言《はつげん》をしている。

ところが、2009年《ねん》12月《がつ》9日《ここのか》の『福井新聞《ふくいしんぶん》』の「夢風船《ゆめふうせん》」というコーナーには、次《つぎ》のような茜《あかね》のコメントが掲載《けいさい》されている。

「私《わたし》はバドミントンが大好《だいす》きなので、将来《しょうらい》は選手《せんしゅ》になりたい。相手《あいて》の動《うご》きを読《よ》み、フェイントを使《つか》って点数《てんすう》をとるところが面白《おもしろ》い。目標《もくひょう》は世界《せかい》で通用《つうよう》する強《つよ》いバドミントンプレーヤーです」勝山市平泉寺小《かつやましへいせんじしょう》6年《ねん》、山口茜《やまぐちあかね》さん

12歳《さい》になった茜《あかね》が語《かた》った夢《ゆめ》に、「オリンピック」という文字《もじ》はなかった。

「5歳《さい》のときに撮影《さつえい》したビデオ映像《えいぞう》では『バドミントン選手《せんしゅ》になりたいです』と言《い》っています。小学生《しょうがくせい》のときは、周《まわ》りもはやしたてるから、何《なに》も考《かんが》えずに『オリンピック選手《せんしゅ》にな

りたい』とか、『オリンピックに出《で》る』と言《い》っていました。でも、当時《とうじ》はオリンピックが何《なに》かも知《し》らずに言《い》っていた。小学校《しょうがっこう》6年生《ねんせい》になると、『そんなおそれ多《おお》いことを言《い》っていたのか』と、オリンピックと言《い》っていたことが急《きゅう》に恥《は》ずかしくなったんです。だからあまり言《い》わなくなりました。高校生《こうこうせい》になり、最近《さいきん》はオリンピックに出《で》ることの難《むずか》しさがさらにわかってきたので、オリンピックということをますます言《い》わなくなりました」

バドミントンでは、世界《せかい》ランキング上位《じょうい》にならなければ、オリンピックには出場《しゅつじょう》できない。日本《にほん》で一番《いちばん》になるだけではオリンピックには出《で》られないのだ。そういう現実《げんじつ》を知《し》り、越《こ》えなければならないハードルの高《たか》さに、おじけづいたり、弱気《よわき》になったりしたわけではない。達成《たっせい》するのが難《むずか》しい夢《ゆめ》や目標《もくひょう》だからこそ、軽々《かるがる》しく口《くち》にはしたくなかったのだろう。

そして、バドミントンの魅力《みりょく》は、オリンピック出場《しゅつじょう》を目指《めざ》すことだけではないと理解《りかい》していた。だからその魅力《みりょく》をぞんぶんに味《あじ》わうためにも、「オリンピック」という目標《もくひょう》を表《ひょう》明《めい》したくはなかったのかもしれない。

「オリンピックのために頑張《がんば》るというよりも、バドミントンが楽《たの》しいからやっている、バドミントンを続《つづ》けてきたという気持《きも》ちを一番大切《いちばんたいせつ》にしたいんです」

リオデジャネイロオリンピック出場《しゅつじょう》を決《き》めた19歳《さい》の茜《あかね》が語《かた》った。

勝山《かつやま》の先輩《せんぱい》たちが育《そだ》ててくれた

負《ま》け知《し》らずのスーパー小学生《しょうがくせい》には、同世代《どうせだい》のライバルがいなかった。「勝《か》ってもそれほどうれしくはなかった」という茜《あかね》を鍛《きた》えてくれたのが、勝山高校《かつやまこうこう》バドミントン部《ぶ》で活躍《かつやく》した卒業生《そつぎょうせい》（OB《オービー》）たちだ。大学進学《だいがくしんがく》などで勝山《かつやま》を離《はな》れた人《ひと》たちが、就職《しゅうしょく》で勝山《かつやま》へ戻《もど》り、子《こ》どもたちにボランティアでバドミントンを指導《しどう》する。そんな伝統《でんとう》が勝山《かつやま》にはあった。

勝山高校《かつやまこうこう》バドミントン部《ぶ》の監督《かんとく》の小林陽年先生《こばやしはるとしせんせい》も、バドミントン部《ぶ》のOB《オービー》だ。

「先輩《せんぱい》やOB《オービー》にバドミントンを教《おし》えてもらったから、今度《こんど》は後輩《こうはい》の面倒《めんどう》を見《み》ることで恩返《おんがえ》しがしたい、自分自身《じぶんじしん》も楽《たの》しみながらバドミントンを続《つづ》けたい、という気持《きも》ちが自然《しぜん》と生《う》まれるんです」

バドミントンが、いろんな年齢《ねんれい》の人《ひと》たちを繋《つな》いでいるのだ。

小学生《しょうがくせい》になった茜《あかね》もそんなOB《オービー》たちの指導《しどう》を受《う》けた。無敵《むてき》のスーパー小学生《しょうがくせい》も大人《おとな》の先《せん》輩相手《ぱいあいて》では、そう簡単《かんたん》に自分《じぶん》のプレーをさせてはもらえなかった。

「試合《しあい》で泣《な》いた思《おも》い出《で》はないけれど、練習《れんしゅう》ではコーチに負《ま》けて悔《くや》しくて泣《な》くことが多《おお》かったです。同世代《どうせだい》には勝《か》てるけど、コーチやOB《オービー》には勝《か》てない。そんな環境《かんきょう》だったから、おごらずにやってこられたと思《おも》います。大会《たいかい》で試合《しあい》に勝《か》つよりも、『この間負《あいだま》けたあのコーチに次《つぎ》はどうやって勝《か》ってやろうか』と考《かんが》えることがだんだん面白《おもしろ》くなっていきました」

バドミントンは、ネットの高《たか》さやコートの広《ひろ》さなど、年齢《ねんれい》に関係《かんけい》なく、小学生《しょうがくせい》も大人《おとな》と同《おな》じ条件《じょうけん》のもとでプレーしなければならない。そうなれば、大人《おとな》の方《ほう》が断然有利《だんぜんゆうり》だ。大人相《おとなあい》手《て》に勝《か》とうと思《おも》う小学生《しょうがくせい》は多《おお》くないだろう。

「自分《じぶん》は子《こ》どもだから、小学生《しょうがくせい》だからということは、まったく考《かんが》えなかったですね。どんなOB《オービー》でもライバルだと思《おも》って、挑《いど》んでいました」

茜《あかね》は諦《あきら》めなかった。なんとか勝《か》つ方法《ほうほう》がないかと考《かんが》えた。そういう中《なか》で、磨《みが》いたのが〝考《かんが》える力《ちから》〟と〝観察《かんさつ》する力《ちから》〟だった。

相手《あいて》のプレーを見《み》て、弱点《じゃくてん》を探《さが》す。試合《しあい》の流《なが》れを読《よ》んで、プレーを選択《せんたく》する。体《からだ》の大《おお》きさやパワーで劣《おと》っている部分《ぶぶん》を補《おぎな》うための武器《ぶき》を徹底的《てっていてき》に磨《みが》いた。

勝山南部中学校《かつやまなんぶちゅうがっこう》へ進学《しんがく》すると、中学《ちゅうがく》の部活《ぶかつ》、勝山南部《かつやまなんぶ》ジュニア、勝山《かつやま》チャマッシュという3つのチームで練習《れんしゅう》し、多《おお》くのチームメート、OB《オービー》たちと汗《あせ》を流《なが》した。そして、中学《ちゅうがく》2年生《ねんせい》になると勝山高校《かつやまこうこう》での練習《れんしゅう》にも参加《さんか》するようになった。

そのころの様子《ようす》を小林先生《こばやしせんせい》が振《ふ》り返《かえ》ってくれた。

「茜《あかね》の相手《あいて》をするのは基本的《きほんてき》には男子《だんし》のOB《オービー》。みんな本気《ほんき》で茜《あかね》と対戦《たいせん》していました。茜《あかね》にとって一番《いちばん》の目標《もくひょう》は、OB《オービー》を全員倒《ぜんいんたお》すことだったと思《おも》います」

力《ちから》のあるスマッシュで相手《あいて》を圧倒《あっとう》していた小学生時代《しょうがくせいじだい》だったが、中学生《ちゅうがくせい》になるとレシーブや守備《しゅび》の重要《じゅうよう》さを知《し》り、その練習《れんしゅう》にこだわった。簡単《かんたん》にスマッシュを決《き》めて得点《とくてん》するのではなく、丁寧《ていねい》なレシーブでシャトルを拾《ひろ》い、何度《なんど》も打《う》ち合《あ》いを続《つづ》けるラリーへ持《も》ち込《こ》み、相手《あいて》が疲《つか》れたところで強力《きょうりょく》なスマッシュを決《き》める、粘《ねば》る戦《たたか》い方《かた》も身《み》につけた。

中学《ちゅうがく》を卒業《そつぎょう》するとき、全国各地《ぜんこくかくち》の強豪高校《きょうごうこうこう》から、入学《にゅうがく》の誘《さそ》いを受《う》けた茜《あかね》だったが、地元《じもと》勝山高校《かつやまこうこう》への進学《しんがく》を決《き》めた。

「うちの高校《こうこう》は、まったく強《つよ》い学校《がっこう》には見《み》えないと思《おも》います。いつもみんなでワイワイやっていて、部活《ぶかつ》も楽《たの》しくやろうぜという空気《くうき》だから。『絶対《ぜったい》に勝《か》つぞ』とかガツガツしたところがないんです。そういうのが私《わたし》には合《あ》っていた」

　OB《オービー》がふらっと現《あらわ》れて、お茶《ちゃ》を飲《の》んだり、雑談《ざつだん》をしたりするだけで、練習《れんしゅう》に参加《さんか》せず帰《かえ》ることもある。そういう自由《じゆう》な雰囲気《ふんいき》が勝山高校《かつやまこうこう》バドミントン部《ぶ》には漂《ただよ》っている。「OB《オービー》にとっても選手《せんしゅ》にとっても、家族《かぞく》のような雰囲気《ふんいき》」と小林先生《こばやしせんせい》。

「茜《あかね》はひとりで居残《いのこ》り練習《れんしゅう》をするとか、筋肉《きんにく》トレーニングをするとか、そういうストイックな部分《ぶぶん》がほとんどありません。でも、練習中《れんしゅうちゅう》にいろいろと工夫《くふう》ができるんです。同《おな》じメニューでも、今日《きょう》はここを意識《いしき》してやろうと、自分《じぶん》でやるべきことを見《み》つけて練習《れんしゅう》できるところが、彼女《かのじょ》の武器《ぶき》だと思《おも》います。与《あた》えられたことをただやっているのではなく、どうすべきかを考《かんが》える力《ちから》がある。それにどんなにハードな練習《れんしゅう》をやってもいつも笑顔《えがお》で、『さあ、もう1度《ど》』と前向《まえむ》きに取《と》り組《く》むんです」

いつも積極的《せっきょくてき》な姿勢《しせい》でバドミントンを楽《たの》しみたいという思《おも》いが、茜《あかね》を強《つよ》くした。

楽《たの》しむことを忘《わす》れずに

茜《あかね》が一躍有名《いちやくゆうめい》になったのは、2013年《ねん》9月《がつ》に日本《にほん》で開催《かいさい》されたヨネックスオープンだった。この大会《たいかい》は世界《せかい》バドミントン連盟《れんめい》(BWF《ビーダブリューエフ》)が実施《じっし》し、世界各地《せかいかくち》で開催《かいさい》されるBWF《ビーダブリューエフ》スーパーシリーズのひとつだ。大会《たいかい》の成績《せいせき》によって、世界《せかい》ランキングを決《き》めるポイントが得《え》られるため、世界中《せかいじゅう》の強豪選手《きょうごうせんしゅ》が出場《しゅつじょう》する。そんな大会《たいかい》で茜《あかね》は優勝《ゆうしょう》したのだ。16歳《さい》での優勝《ゆうしょう》は史上最年少記録《しじょうさいねんしょうきろく》でもあった。

翌《よく》2014年《ねん》からは、高校《こうこう》2年生《ねんせい》でありながら、BWF《ビーダブリューエフ》スーパーシリーズで世界《せかい》を転戦《てんせん》する過密日程《かみつにってい》を戦《たたか》うことになった。リオデジャネイロオリンピック出場《しゅつじょう》へ向《む》けて世界《せかい》ランキング上位《じょうい》入《い》りを目指《めざ》す戦《たたか》いが始《はじ》まった。1回戦《かいせん》や2回戦《かいせん》で敗《やぶ》れることもあったが、茜《あかね》は前向《まえむ》きだった。新《あたら》しい挑戦《ちょうせん》を楽《たの》しみたいという気持《きも》ちが強《つよ》かったからだ。初出場《はつしゅつじょう》の大会《たいかい》で、初《はじ》めての相手《あいて》と対戦《たいせん》する。その体験《たいけん》は「次《つぎ》はどう戦《たたか》おうか」と考《かんが》えるチャンスになる。それはバドミントンをもっともっと楽《たの》しむための茜《あかね》のスタイルだった。

「今回《こんかい》の大会《たいかい》は負《ま》けてしまったけれど、ちょっときっかけがつかめそう。それを次《つぎ》の大会《たいかい》で証明《しょうめい》したい」

秋《あき》、ヨーロッパでの大会《たいかい》を転戦《てんせん》していた茜《あかね》から小林先生《こばやしせんせい》のもとへそんなメッセージが届《とど》いた。どんな試合《しあい》の前《まえ》でも「頑張《がんば》ってきます」という程度《ていど》で、強《つよ》い決意《けつい》を見《み》せることがなかった茜《あかね》が初《はじ》めて見《み》せた強気《つよき》な姿勢《しせい》に小林先生《こばやしせんせい》は驚《おどろ》いた。そして、続《つづ》く中国《ちゅうごく》での大会《たいかい》で、茜《あかね》は準優勝《じゅんゆうしょう》したのだ。

「もう少《すこ》し勝《か》ちにこだわって戦《たたか》うことで、自分《じぶん》の殻《から》が破《やぶ》れそうな感触《かんしょく》を得《え》たんです」

帰国《きこく》した茜《あかね》の言葉《ことば》に、小林先生《こばやしせんせい》は彼女《かのじょ》の変化《へんか》を感《かん》じた。

「茜《あかね》の一番《いちばん》の喜《よろこ》びは『自分《じぶん》のプレーで観客《かんきゃく》が盛《も》り上《あ》がってほしい。みんなが喜《よろこ》んでくれる光景《こうけい》を見《み》たい』ということだった。でも、結局《けっきょく》負《ま》けてしまえば、そこで終《お》わってしまうし、喜《よろこ》んでもらうためにも『勝《か》ちたい』と思《おも》うようになったんだと思《おも》います」

世界各地《せかいかくち》で戦《たたか》う茜《あかね》の所属《しょぞく》チームには「勝山高校《かつやまこうこう》」の名前《なまえ》が記《しる》されていた。

「自分《じぶん》が注目《ちゅうもく》されるのは、恥《は》ずかしいし、別《べつ》にいいやという感《かん》じなんですけど、勝山《かつやま》や勝《かつ》山高校《やまこうこう》が全国的《ぜんこくてき》に有名《ゆうめい》になったり、勝山高校《かつやまこうこう》という名前《なまえ》とともに世界《せかい》の試合《しあい》に出《で》られるのはうれしかったです」

実際《じっさい》、茜《あかね》が活躍《かつやく》すると、勝山高校《かつやまこうこう》の公式《こうしき》ホームページへの海外《かいがい》からのアクセスが増加《ぞうか》した。よりたくさんの人《ひと》たちに勝山《かつやま》を知《し》ってもらい、勝山《かつやま》の人《ひと》たちに喜《よろこ》んでもらいたいという思《おも》いが、勝利《しょうり》へのこだわりを生《う》んだのだろう。


「インターハイと世界選手権《せかいせんしゅけん》が重《かさ》なるけれど、どうする？」

２０１５年《ねん》１月《がつ》の初練習《はつれんしゅう》後《ご》。ストレッチをしている茜《あかね》に小林先生《こばやしせんせい》が声《こえ》をかけた。

前年度《ぜんねんど》のＢＷＦ《ビーダブリューエフ》スーパーシリーズファイナルで３位《い》という成績《せいせき》を残《のこ》した茜《あかね》は、日本代表《にほんだいひょう》選手《せんしゅ》として、８月《がつ》に行《おこな》われる世界選手権《せかいせんしゅけん》での活躍《かつやく》に期待《きたい》が集《あつ》まっていた。

しかし、同時期《どうじき》、日本《にほん》の高校生《こうこうせい》たちが出場《しゅつじょう》するインターハイという大会《たいかい》が開《ひら》かれることが決《き》まっている。１年生《ねんせい》、２年生《ねんせい》のときにその大会《たいかい》で優勝《ゆうしょう》した茜《あかね》にとって、３連覇《れんぱ》がかかる高校最後《こうこうさいご》の大舞台《おおぶたい》でもあった。茜《あかね》が世界選手権《せかいせんしゅけん》への出場《しゅつじょう》を望《のぞ》めば、それでもよいと小林《こばやし》先生《せんせい》は考《かんが》えていた。それに半年以上《はんとしいじょう》も先《さき》の話《はなし》だから、今《いま》、決《き》める必要《ひつよう》もなかった。

「インターハイに出《で》ますよ」

茜《あかね》は迷《まよ》うことなく、きっぱりと答《こた》えた。

「でも、世界選手権《せかいせんしゅけん》はオリンピックへの出場権《しゅつじょうけん》を決《き》める世界《せかい》ランキングにも影響《えいきょう》を与《あた》える大会《たいかい》だぞ。本当《ほんとう》にインターハイに出《で》るのか？」

小林先生《こばやしせんせい》は念《ねん》を押《お》すように言《い》った。

「高校《こうこう》3年生《ねんせい》のインターハイは人生《じんせい》で1度《ど》だけ。でも、世界選手権《せかいせんしゅけん》はこれから頑張《がんば》れば、何度《なんど》も出《で》られるから。インターハイに出《で》ますよ」

いつもの笑顔《えがお》で茜《あかね》はそう答《こた》えた。

「金《きん》メダルを1つは取《と》ってみんなにかけてあげたくて、頑張《がんば》りました」

8月《がつ》、京都《きょうと》で行《おこな》われたインターハイ。団体戦《だんたいせん》3位《い》、ダブルス2位《い》と健闘《けんとう》した茜《あかね》は、最後《さいご》の種目《しゅもく》となったシングルスで優勝《ゆうしょう》し、史上初《しじょうはつ》の3連覇《れんぱ》を達成《たっせい》。金《きん》メダルを手《て》に、チームメートたちと喜《よろこ》びを分《わ》かち合《あ》った。

勝山《かつやま》に生《う》まれ、バドミントンを始《はじ》めた子《こ》どもたちは、勝山高校《かつやまこうこう》へ進学《しんがく》し、卒業後《そつぎょうご》、勝山《かつやま》を離《はな》れても、また勝山《かつやま》へ戻《もど》り、子《こ》どもたちにバドミントンを教《おし》える。

自分《じぶん》を指導《しどう》してくれたたくさんの先輩《せんぱい》たちと同《おな》じように、生涯《しょうがい》バドミントンを続《つづ》けていくことをずっとイメージしてきた茜《あかね》にとって、勝山高校《かつやまこうこう》でバドミントンをすることもまた目標《もくひょう》のひとつだった。そして、その最後《さいご》の大会《たいかい》を仲間《なかま》たちと戦《たたか》えたことが何《なに》よりも大切《たいせつ》な宝物《たからもの》になった。


高校《こうこう》を卒業《そつぎょう》した茜《あかね》は、熊本県益城町《くまもとけんましきまち》にある再春館製薬所《さいしゅんかんせいやくしょ》という会社《かいしゃ》のバドミントン部《ぶ》に所属《しょぞく》し、世界《せかい》を回《まわ》って試合《しあい》を重《かさ》ねている。

その結果《けっか》、リオデジャネイロオリンピック出場権《しゅつじょうけん》を手《て》にした。

「茜《あかね》を指導《しどう》したり、対戦《たいせん》したOB《オービー》は30人《にん》を超《こ》えます。でも誰《だれ》ひとり『僕《ぼく》が育《そだ》てた』という人《ひと》はいない。『勝山《かつやま》で、みんなで茜《あかね》を育《そだ》てた』と口《くち》をそろえて言《い》っています。勝山《かつやま》はそういうあったかくて大《おお》きな家族《かぞく》みたいなところなんです」

そう語《かた》る小林先生《こばやしせんせい》の娘《むすめ》が小学《しょうがく》4年生《ねんせい》のとき、「山口茜新聞《やまぐちあかねしんぶん》」を制作《せいさく》するために茜《あかね》の単独《たんどく》インタビューを行《おこな》った。高校生《こうこうせい》の茜《あかね》はその取材《しゅざい》で「世界一《せかいいち》になる」と語《かた》った。一般《いっぱん》の取材《しゅざい》では見《み》せない決意《けつい》を、小《ちい》さな後輩《こうはい》たちに約束《やくそく》したのだ。


「実業団《じつぎょうだん》に入《はい》って、バドミントンが仕事《しごと》という形《かたち》になったので、結果《けっか》も大事《だいじ》にしていかないといけないと思《おも》っているんですけれど、バドミントンを楽《たの》しむことを忘《わす》れずにやっていきたい。リオデジャネイロオリンピックでは具体的《ぐたいてき》な目標《もくひょう》はないですが、強《つよ》い選手《せんしゅ》を1人《ひとり》でも多《おお》く倒《たお》して、盛《も》り上《あ》げ役《やく》になれたらいいなと思《おも》っています」

勝利《しょうり》することで、勝山《かつやま》だけでなく、日本中《にほんじゅう》の人《ひと》たちを喜《よろこ》ばせてくれるに違《ちが》いない。

【山口茜　リオ五輪へのあゆみ】

1997年6月6日生まれ。

2004年	全国小学生選手権大会シングルス優勝。（2005年、2007年～ 2009年も優勝）
2006年	全国小学生選手権大会シングルス優勝。（2009年まで4連覇）
2010年	勝山市立勝山南部中学校進学。
	全日本ジュニア選手権大会シングルス優勝。
2012年	全国中学校大会シングルス優勝。
	アジアユースU19選手権大会団体戦で優勝。
	世界ジュニア選手権大会シングルスと混合団体戦で2位。
	全日本総合選手権大会初戦突破。中学生は史上初。
2013年	福井県立勝山高等学校進学。
	世界ジュニア選手権大会シングルス優勝。
	YONEX OPEN JAPAN SS　シングルスでBWF（世界バドミントン連盟）
	スーパーシリーズ史上最年少の優勝。日本人初の快挙。
	インターハイ　シングルス優勝。
	全日本総合選手権大会シングルスベスト4。
2014年	全日本総合選手権大会　シングルス優勝。
	ユースオリンピック　シングルス2位。
	インターハイ　シングルス優勝。
	世界ジュニア選手権大会シングルス優勝。2連覇達成。
	BWFスーパーシリーズファイナル3位。
2015年	インターハイ　シングルス優勝。史上初の3連覇。ダブルス2位。
2016年	高校を卒業し、くまもと再春館製薬所　バドミントン部に所属。
	世界ランキング11位となり、リオデジャネイロオリンピック出場権獲得。

夢《ゆめ》があったから、絶望《ぜつぼう》を乗《の》り越《こ》えられた

宮島徹也

みやじま・てつや

フォート・キシモト

TETSUYA MIYAJIMA

1988年《ねん》11月《がつ》29日《にち》、富山県《とやまけん》生《う》まれ。いて座《ざ》。バスケットボール選手《せんしゅ》として活躍《かつやく》していた中学《ちゅうがく》2年生《ねんせい》のときに負傷《ふしょう》し、左足《ひだりあし》を切《せつ》断《だん》。車《くるま》いすバスケットに挑戦《ちょうせん》し、大学時代《だいがくじだい》から日本代表《にほんだいひょう》で活躍《かつやく》。富山県車《とやまけんくるま》椅子《いす》バスケットボールクラブ所属《しょぞく》。

【パラリンピック 車いすバスケットボール】

コートの大《おお》きさやゴールの高《たか》さ、ボールの大《おお》きさなどは一般《いっぱん》のバスケットボールと同《おな》じ。10分間《ぶんかん》×4ピリオドで得点《とくてん》を争《あらそ》う。選手《せんしゅ》には障害《しょうがい》レベルにより1.0 ～ 4.5点《てん》までの持《も》ち点《てん》が与《あた》えられる（宮島選手《みやじませんしゅ》は4.0点《てん》）。障害《しょうがい》が重《おも》いと持《も》ち点《てん》は小《ちい》さい。コートでプレーする5選手《せんしゅ》の持《も》ち点合計《てんごうけい》を14点以下《てんいか》にしなければならない。

別世界《べっせかい》の障害者《しょうがいしゃ》スポーツ

「すごいなぁ！」

その光景《こうけい》を目《め》にした宮島徹也《みやじまてつや》は、ただ純粋《じゅんすい》に驚《おどろ》いていた。

ついさっきまで、小学生《しょうがくせい》の自分《じぶん》がミニバスケットボール（小学生《しょうがくせい》がプレーするバスケットボール）の試合《しあい》で走《はし》り回《まわ》っていた体育館《たいいくかん》。そのフロアで車《くるま》いすに乗《の》った人《ひと》たちが、バスケットボールを行《おこな》っている。

車《くるま》いすを動《うご》かしながら、パスを出《だ》し、ボールをキャッチする。ボールを扱《あつか》うだけでも大変《たいへん》だというのに、ボールコントロールだけでなく、その手《て》で車《くるま》いすを走《はし》らせる。そして車《くるま》いすに座《すわ》ったままの状態《じょうたい》で、リングへシュートを打《う》つ。

徹也《てつや》がやっているミニバスケットのリングよりも高《たか》いリングへボールが吸《す》い込《こ》まれていく。もちろんジャンプはできないが、それでも力強《ちからづよ》いゴールが決《き》まる。

ゴールが決《き》まらなければ、いち早《はや》くリバウンドを拾《ひろ》おうとリング下《した》に集《あつ》まってきた数台《すうだい》の車《くるま》いすがぶつかる。リバウンドを拾《ひろ》った選手《せんしゅ》が攻撃《こうげき》に出《で》ようとすると、それを阻止《そし》しようと激《はげ》しい攻防《こうぼう》が始《はじ》まる。車《くるま》いすが派手《はで》にぶつかるガチャンという大《おお》きな音《おと》が体育館《たいいくかん》に響《ひび》いた。ボールを持《も》った選手《せんしゅ》が乗《の》る車《くるま》いすがものすごいスピードで、コート上《じょう》を滑《すべ》るように走《はし》っている。

車《くるま》いすバスケットボールとミニバスケットボール。同《おな》じバスケットボールというスポーツには違《ちが》いないけれど、車《くるま》いすバスケットボールの迫力《はくりょく》は別世界《べっせかい》のものに見《み》えた。障害《しょうがい》があり、自分《じぶん》の足《あし》で歩《ある》けない人《ひと》たちが車《くるま》いすに座《すわ》り、それを器用《きよう》に操《あやつ》りながらプレーする姿《すがた》は、確《たし》かにすごいけれど、自分《じぶん》には関係《かんけい》のないスポーツだと、徹也《てつや》は思《おも》っていた——。

4年《ねん》に一度《いちど》、オリンピック開催《かいさい》と同《おな》じ年《とし》、同《おな》じ都市《とし》で開催《かいさい》されるパラリンピックでは、車《くるま》いすバスケットボール、車《くるま》いすテニス、車《くるま》いすラグビー、車《くるま》いすアーチェリー、陸上競《りくじょうきょう》技《ぎ》、水泳《すいえい》、柔道《じゅうどう》、サッカー、バレーボール、卓球《たっきゅう》など、近年《きんねん》、夏季大会《かきたいかい》20競技《きょうぎ》、冬季大会《とうきたいかい》5競技《きょうぎ》が実施《じっし》されている。

そこでは、普段《ふだん》の生活《せいかつ》を送《おく》るにも苦労《くろう》している人《ひと》たちが、車《くるま》いすや義足《ぎそく》などの器具《きぐ》に力《ちから》を借《か》りたり、少《すこ》し変更《へんこう》されたルールのもとで、健常者《けんじょうしゃ》と同《おな》じように競《きそ》い合《あ》い、勝利《しょうり》の喜《よろこ》びをかみしめている。

小学生《しょうがくせい》ながら170センチ近《ちか》い長身《ちょうしん》の持《も》ち主《ぬし》で、ミニバスケットボールチームのエースでもあった徹也《てつや》が、そんな障害者《しょうがいしゃ》スポーツを「自分《じぶん》とは無関係《むかんけい》」と考《かんが》えたのも当然《とうぜん》だろう。しかし、あれから15年《ねん》もの歳月《さいげつ》が流《なが》れ、徹也《てつや》は今《いま》、車《くるま》いすバスケットボール日本代表《にほんだいひょう》として、北京《ペキン》、ロンドン、そしてリオデジャネイロとパラリンピック3大会連続出場《たいかいれんぞくしゅつじょう》を果《は》たそうとしている。

富山県《とやまけん》の砺波市《となみし》という町《まち》で徹也《てつや》は生《う》まれた。

2人《ふたり》のお兄《にい》さんがいる。8歳《さい》、9歳《さい》と年齢《ねんれい》が離《はな》れていたお兄《にい》さんと同《おな》じようにご飯《はん》を食《た》べ、一緒《いっしょ》に遊《あそ》んでいたせいか、徹也《てつや》は同年代《どうねんだい》の友《とも》だちよりも体《からだ》が大《おお》きく、夏《なつ》のわんぱく相撲大会《すもうたいかい》で何度《なんど》も優勝《ゆうしょう》していた。

お兄《にい》さんたちは小学生時代《しょうがくせいじだい》からミニバスケットボールで活躍《かつやく》し、ひとつ上《うえ》のお兄《にい》さんは中学生時代《ちゅうがくせいじだい》に全国大会《ぜんこくたいかい》に出場《しゅつじょう》するほどの名選手《めいせんしゅ》だった。そんなお兄《にい》さんたちの試合《しあい》を応援《おうえん》するために体育館《たいいくかん》へ何度《なんど》も出《で》かけた徹也《てつや》だったが、バスケットボールに興味《きょうみ》を持《も》つことはなく、体育館《たいいくかん》の中《なか》や外《そと》で走《はし》り回《まわ》っていた。

わんぱく相撲《ずもう》で優勝《ゆうしょう》はするけれど、スポーツは苦手《にがて》だった。身長《しんちょう》も高《たか》いが、どちらかといえば、ぽっちゃり体型《たいけい》。持久走《じきゅうそう》でもいつも息《いき》を切《き》らしながら、最後《さいご》の方《ほう》を走《はし》っていた。

小学《しょうがく》4年生《ねんせい》になったタイミングで、お兄《にい》さんたちと同《おな》じようにミニバスケットボールの少年団《しょうねんだん》に加入《かにゅう》することになった。

「徹也《てつや》、もっと動《うご》かなくちゃダメだろ!」

5年生《ねんせい》と比《くら》べても頭《あたま》ひとつくらい背《せ》が高《たか》い徹也《てつや》だったが、走《はし》るのは得意《とくい》じゃない。コートを動《うご》き回《まわ》ることが求《もと》められるバスケットボールをやっても、すぐにうまくはプレーできなかった。コーチは厳《きび》しい言葉《ことば》で徹也《てつや》に「もっと頑張《がんば》ろう」というメッセージをおくる。

しかし、体《からだ》が思《おも》うように動《うご》かせないし、すぐに疲《つか》れてしまう。お兄《にい》さんたちのように格好《かっこう》よくプレーできると思《おも》っていたのに、それができない。

「練習《れんしゅう》へ行《い》っても、コーチに怒《おこ》られるだけだ」

バスケットボールの練習《れんしゅう》を休《やす》もうと決《き》めた。いろいろ理由《りゆう》を考《かんが》えて、練習《れんしゅう》をサボるようになったのだ。そうして気《き》がつくとほとんど練習《れんしゅう》に行《い》かなくなってしまった。春《はる》に始《はじ》めて、秋《あき》にはサボるようになった。そして、とうとう練習《れんしゅう》へ行《い》っていないことがお父《とう》さんにバレてしまう。

「徹也《てつや》。ミニバスケットの練習《れんしゅう》へ行《い》っていないんだってな。どうしたいんだ」

「俺《おれ》、もうやめたい」

「お父《とう》さんがなぜ、お前《まえ》に〝徹也《てつや》〟という名前《なまえ》をつけたか知《し》っているか？」

すごく怒《おこ》られると思《おも》っていたのに、お父《とう》さんは静《しず》かにそう話《はな》し始《はじ》めた。

「〝徹《てつ》〟という字《じ》には、物事《ものごと》をやり通《とお》すという意味《いみ》があるんだ。決《き》めたことを途中《とちゅう》で諦《あきら》めず、投《な》げ出《だ》さずに、最後《さいご》まで頑張《がんば》れる人間《にんげん》になってほしくて、お父《とう》さんはお前《まえ》に〝徹也《てつや》〟という名前《なまえ》をつけたんだよ。最初《さいしょ》にバスケットをやりたいと言《い》ったのはお前《まえ》なんだから、せめて小学校《しょうがっこう》を卒業《そつぎょう》するまでは、続《つづ》けてみないか。6年生《ねんせい》まで頑張《がんば》りなさい」

自分《じぶん》の名前《なまえ》の持《も》つ意味《いみ》を教《おし》えてもらった徹也《てつや》は、名前《なまえ》に込《こ》められたお父《とう》さんの気持《きも》ちにこたえたいと思《おも》った。名前《なまえ》に負《ま》けないように頑張《がんば》ってみようと決意《けつい》した。

「徹也《てつや》！　ナイスリバウンド！」

練習《れんしゅう》を再開《さいかい》して間《ま》もないころ、コーチが大《おお》きな声《こえ》でほめてくれた。

シュートがリングを外《はず》れて、バックボードと呼《よ》ばれるリングの後《うし》ろの壁《かべ》やリングに当《あ》たり落《お》ちてくるボールをキャッチするリバウンド。誰《だれ》もがボールを奪《うば》おうとリング下《した》に集《あつ》まる中《なか》、高《たか》い身長《しんちょう》と長《なが》い手《て》を生《い》かした徹也《てつや》は、いち早《はや》くボールを手《て》にできるのだ。

バスケットボールでは怒《おこ》られた記《き》憶《おく》しかなかった徹也《てつや》は、初《はじ》めてのほめ言葉《ことば》にうれしくなった。まだ走《はし》るのは得意《とくい》ではなかったけれど、ほめてもらったリバウンドだけは、誰《だれ》にも負《ま》けたくないと頑張《がんば》った。何《なに》をやってもダメダメだったバスケットボール。でも、リバウンドならうまくできる。小《ちい》さな自信《じしん》が芽生《めば》え、バスケットボールを続《つづ》けることができた。だんだんバスケットボールが楽《たの》しくなってきたのだ。

真面目《まじめ》に練習《れんしゅう》をしているうちに、体型《たいけい》も変《か》わってきた。やせたことで走《はし》るのも嫌《きら》いじゃなくなった。いつもビリだった持久走《じきゅうそう》で5位《い》になるほど、徹也《てつや》は変《か》わったのだ。

「宮島《みやじま》くんって、格好《かっこう》いいよね」

女子《じょし》がそんなふうに話《はな》しているのが耳《みみ》に入《はい》ってくる。

5年生《ねんせい》で試合《しあい》に出《で》られるようになると、6年生《ねんせい》にだって勝《か》ちたいと思《おも》った。

「ジュニアオールスターの選手《せんしゅ》になる」

そんな目標《もくひょう》を心《こころ》に誓《ちか》ったのが、12歳《さい》のころだった。

都道府県対抗《とどうふけんたいこう》ジュニアバスケットボール大会《たいかい》に出場《しゅつじょう》する、富山県《とやまけん》の中学生選抜《ちゅうがくせいせんばつ》チーム、それがジュニアオールスターだ。小学生限定《しょうがくせいげんてい》のミニバスケットボールと違《ちが》い、中学生《ちゅうがくせい》のバスケットボールはコートも広《ひろ》くなり、ボールも大《おお》きいし、リングも高《たか》くなる。それでも目《もく》標《ひょう》を持《も》ったことで、よりバスケットボールに夢中《むちゅう》になった。そんな徹也《てつや》にお兄《にい》さんたちもいろいろとアドバイスをしてくれた。

もう生《い》きている意味《いみ》がない。死《し》んでしまいたい

地元《じもと》の中学《ちゅうがく》へ進学《しんがく》した徹也《てつや》は1年生《ねんせい》で砺波市選抜《となみしせんばつ》チームに選《えら》ばれたが、目標《もくひょう》の県選抜《けんせんばつ》ジュニアオールスターには入《はい》れなかった。しかし2年生《ねんせい》になった秋《あき》、選考会《せんこうかい》に呼《よ》ばれた。ジ

ユニアオールスター選手《せんしゅ》になるための、最初《さいしょ》で最後《さいご》のチャンスだった。

たくさんのライバルたちが集《あつ》まり、試合形式《しあいけいしき》で選考会《せんこうかい》が始《はじ》まる。初《はじ》めての挑戦《ちょうせん》だが、緊張《きんちょう》することはなかった。いつも通《どお》り、「誰《だれ》にも負《ま》けない」と強《つよ》い気持《きも》ちでコートを駆《か》ける。

キュッ、キュッ。相手《あいて》をかわすためにステップを踏《ふ》んだ、そのときだった。

「痛《いた》い！」

思《おも》わぬ激痛《げきつう》に襲《おそ》われた徹也《てつや》は、その場《ば》に倒《たお》れてしまった。何《なに》が起《お》きたのか理解《りかい》できなかった。それでも考《かんが》えたのは1つだけ。

（プレーを続《つづ》けなくちゃ。大事《だいじ》な選考会《せんこうかい》なんだぞ）

床《ゆか》に手《て》をつき、立《た》ち上《あ》がる。走《はし》り出《だ》そうと足《あし》に力《ちから》を込《こ》める。右足《みぎあし》で踏《ふ》ん張《ば》り、左足《ひだりあし》を前《まえ》に出《だ》す。左足《ひだりあし》に体重《たいじゅう》を乗《の》せて、右足《みぎあし》を前《まえ》に出《だ》そうとするが、左《ひだり》ひざに力《ちから》が入《はい》らない。カクンとひざが折《お》れて、またそこに倒《たお》れてしまう。激痛《げきつう》はずっと続《つづ》いている。それでも（プレーしなくちゃ）と立《た》ち上《あ》がった。しかし、結局《けっきょく》また左《ひだり》ひざから崩《くず》れ落《お》ちる。（何《なに》が起《お》きたんだ？）と自分《じぶん》の左足《ひだりあし》を見《み》ると、ひざから下《した》が力《ちから》なくダラリとぶら下《さ》がっていた。

（なんだこれ？）

ネンザなど小《ちい》さなケガをしたことはあるが、こんな状態《じょうたい》は過去《かこ》に見《み》たことがない。痛《いた》みのために遠《とお》のく意識《いしき》の中《なか》で、「中断《ちゅうだん》しろ、ゲームを止《と》めろ」というコーチの声《こえ》が聞《き》こえたような気《き》がした。

「残念《ざんねん》ながらここで治療《ちりょう》はできない。今《いま》すぐ、大《おお》きな病院《びょういん》へ行《い》ってください」

体育館《たいいくかん》から急《いそ》いで向《む》かった診療所《しんりょうじょ》で、徹也《てつや》の左《ひだり》ひざを診察《しんさつ》し、そう言《い》った先生《せんせい》は、けわしい表情《ひょうじょう》をしていた。ケガが重傷《じゅうしょう》だということなのだろうか？　確《たし》かに痛《いた》みは強《つよ》い。それでもすぐに治《なお》ると思《おも》っていた。

大《おお》きな病院《びょういん》で応急処置《おうきゅうしょち》をしてもらい、いったん帰宅《きたく》することになった。翌日改《よくじつあらた》めて病院《びょういん》へ行《い》き、検査《けんさ》するように言《い》われていたが、徹也《てつや》に不安《ふあん》はなかった。

「ケガが治《なお》らないとジュニアオールスターのメンバーには入《はい》れないぞ」

体育館《たいいくかん》を出《で》るとき、コーチがそんなふうに言《い》ってくれた。だから徹也《てつや》は思《おも》っていた。

（ケガが治《なお》れば、メンバーに入《はい》れる。選考会《せんこうかい》で合格《ごうかく》をもらったんだ）

痛《いた》みを感《かん》じながらも、おさえきれないうれしさで笑顔《えがお》になれた。目標《もくひょう》が達成《たっせい》されるのだとワクワクしていた。

「ひざの前《まえ》にある前十字《ぜんじゅうじ》じん帯《たい》が切《き》れています」
検査《けんさ》の結果《けっか》、太《ふと》ももの骨《ほね》とすねの骨《ほね》を繋《つな》いでいる〝じん帯《たい》〟が切《き》れていることがわかった。じん帯《たい》があるおかげで、関節《かんせつ》に安定感《あんていかん》が生《う》まれている。関節《かんせつ》が無理《むり》な方向《ほうこう》へ動《うご》いてしまった結果《けっか》、じん帯《たい》が切《き》れてしまったのだ。

「いつからバスケットができるようになりますか？」
徹也《てつや》はそのことばかりが気《き》になった。やっとジュニアオールスターのメンバーに選《えら》ばれたのだ。すぐにでも練習《れんしゅう》を再開《さいかい》したかった。

「治療方法《ちりょうほうほう》はいくつかあります。ひとつは手術《しゅじゅつ》をし、切《き》れたじん帯《たい》のかわりに新《あたら》しいじん帯《たい》で骨《ほね》を繋《つな》ぐ方法《ほうほう》です。ただ、手術《しゅじゅつ》をすると半年《はんとし》から1年近《ねんちか》くプレーはできません。もう1つはひざをテープやサポーターで保護《ほご》し、じん帯《たい》の周《まわ》りの筋肉《きんにく》を鍛《きた》えていく方法《ほうほう》です」
手術《しゅじゅつ》をしてしまったら、ジュニアオールスターでの試合出場《しあいしゅつじょう》は叶《かな》わない。手術《しゅじゅつ》をするわけにはいかない。徹也《てつや》は即答《そくとう》した。

「手術《しゅじゅつ》なしの方法《ほうほう》でお願《ねが》いします」

ひざのじん帯《たい》は前十字《ぜんじゅうじ》じん帯《たい》以外《いがい》にもある。だから、大丈夫《だいじょうぶ》だと思《おも》った。

痛《いた》みをがまんしながら、バスケットを続《つづ》けた。しかし、すぐにひざに血液《けつえき》が溜《た》まる。そのたび病院《びょういん》へ行《い》き、大《おお》きな注射器《ちゅうしゃき》でそれを抜《ぬ》いてもらい、練習《れんしゅう》へ戻《もど》った。

「ケガになんか負《ま》けないぞ」と闘争心《とうそうしん》むき出《だ》しで頑張《がんば》った徹也《てつや》だったが、今《いま》までのようなプレーができない。そのうえ無理《むり》なプレーでほかのじん帯《たい》も痛《いた》めてしまった。思《おも》うように動《うご》けないジレンマに、徹也《てつや》は悩《なや》み、そして決断《けつだん》した。

「このままバスケットを続《つづ》けていても、うまくなることもできないし、こんなプレーではジュニアオールスターで試合《しあい》に出《で》ることも不可能《ふかのう》だ。高校《こうこう》、大学《だいがく》と選手《せんしゅ》として活躍《かつやく》するためにも、今《いま》、手術《しゅじゅつ》をするしかない」

じん帯断裂《たいだんれつ》というケガをするスポーツ選手《せんしゅ》は多《おお》く、手術《しゅじゅつ》によって復活《ふっかつ》した人《ひと》もたくさんいると聞《き》いていた。だから、それほど難《むずか》しい手術《しゅじゅつ》というわけではなかった。

「無事《ぶじ》、手術《しゅじゅつ》は成功《せいこう》しましたよ」

手術室《しゅじゅつしつ》から病室《びょうしつ》へ戻《もど》り、麻酔《ますい》が切《き》れたとき、先生《せんせい》は笑顔《えがお》でそう言《い》ってくれた。お父《とう》さんもお母《かあ》さんもホッとした様子《ようす》で、ベッドに横《よこ》たわる徹也《てつや》を見守《みまも》っていた。

しかし、徹也《てつや》は笑顔《えがお》にはなれなかった。足《あし》が痛《いた》い。とてつもない痛《いた》みだと先生《せんせい》に訴《うった》えた。

「麻酔《ますい》が切《き》れたから、多少《たしょう》の痛《いた》みがあるのはしょうがないんですよ。そのうち痛《いた》みはなくなっていきますよ」

先生《せんせい》は当然《とうぜん》だというような顔《かお》でそう言《い》って、病室《びょうしつ》を出《で》ていった。「そういうものか」と考《かんが》えた徹也《てつや》だったが、痛《いた》みはいっこうにおさまらない。ケガをしたときよりも強《つよ》い痛《いた》みが襲《おそ》ってきた。

「痛《いた》い、痛《いた》い」

あまりの激痛《げきつう》に自然《しぜん》と涙《なみだ》が流《なが》れてきた。

「お母《かあ》さん、どうにかしてよ」

がまんできず、ベッドの上《うえ》で体《からだ》をよじり、どんどんとベッドを叩《たた》き、暴《あば》れてしまうほどの痛《いた》みだった。徹也《てつや》は大声《おおごえ》を張《は》り上《あ》げ、痛《いた》みをまぎらわせようとしたが、激痛《げきつう》は容赦《ようしゃ》なく続《つづ》く。

異常事態《いじょうじたい》に慌《あわ》てた先生《せんせい》は再検査《さいけんさ》を終《お》えると、「もう一度《いちど》手術《しゅじゅつ》をすることになりました」と言《い》った。(手術《しゅじゅつ》は成功《せいこう》したって言《い》っていたのに……)と思《おも》ったけれど、手術《しゅじゅつ》でもなんでもいいから、痛《いた》みから解放《かいほう》してほしかった。

「徹也《てつや》、足《あし》、真《ま》っ黒《くろ》だけど大丈夫《だいじょうぶ》なの?」

2度目《どめ》の手術《しゅじゅつ》が終《お》わり、お見舞《みま》いに来《き》てくれた友《とも》だちが、心配《しんぱい》そうに言《い》った。手術後《しゅじゅつご》も麻酔《ますい》を続《つづ》けられていた徹也《てつや》は、起《お》き上《あ》がれず、自分《じぶん》の足《あし》を見《み》ることができなかった。麻酔《ますい》のおかげで痛《いた》みはないが、友《とも》だちの言葉《ことば》に不安《ふあん》な気持《きも》ちが生《う》まれる。それでも誰《だれ》ひとり状況《じょうきょう》を説明《せつめい》してくれる人《ひと》はいなかった。お父《とう》さんもお母《かあ》さんも難《むずか》しい顔《かお》をしているだけだった。

ある日《ひ》、先生《せんせい》が病室《びょうしつ》へ来《き》て言《い》った。

「実《じつ》は徹也君《てつやくん》の足《あし》の先《さき》に血液《けつえき》が流《なが》れていなくて、足《あし》が腐《くさ》ってきているんだ。その足《あし》をすぐに切断《せつだん》しなければ、徹也君《てつやくん》は死《し》んでしまう可能性《かのうせい》もある。危険《きけん》な状態《じょうたい》なんです」

（エッ？　死《し》ぬって誰《だれ》のことを言《い》ってんだ）

徹也《てつや》は先生《せんせい》の言葉《ことば》を理解《りかい》できなかった。

「ごめんね、徹也《てつや》ごめんね」

お父《とう》さんとお母《かあ》さんが病室《びょうしつ》へ飛《と》び込《こ》んできた。お母《かあ》さんは見《み》たこともないくらいに泣《な》いている。そして、何度《なんど》も何度《なんど》も「ごめんね」と繰《く》り返《かえ》していた。開《あ》けられたドアの向《む》こうの廊下《ろうか》では、2人《ふたり》のお兄《にい》さんも泣《な》いていた。廊下《ろうか》に倒《たお》れてしまうほど大《おお》きなショックを受《う》けている。そんな家族《かぞく》の様子《ようす》を目《ま》の当《あ》たりにして、徹也《てつや》は初《はじ》めて、自分《じぶん》がとんでもない状況《きょう》にあることを悟《さと》った。

「俺《おれ》はバスケがしたいだけなんだ。死《し》んじゃったらバスケできなくなるじゃん。足《あし》、切《き》ってください。すぐに切《き》ってくださいっ！」

足《あし》を切《き》るということがどういうことかわからない。それでも、少《すこ》しでも早《はや》く切《き》らないと死《し》んでしまうというのなら、考《かんが》えるまでもなかった。生《い》きたい。生《い》きてバスケットボールをしたい。迷《まよ》うことなどない。

「ごめんね」と激《はげ》しく泣《な》き出《だ》すお母《かあ》さん。

(なんで俺《おれ》はこんな思《おも》いをしなくちゃいけないんだ)

徹也《てつや》はただただ腹《はら》が立《た》った。だから、お母《かあ》さんやお父《とう》さんの顔《かお》をまっすぐに見《み》ることもできなかった。


3度目《どめ》の手術《しゅじゅつ》が終《お》わり、麻酔《ますい》から目覚《めざ》めると徹也《てつや》はまっさきに左足《ひだりあし》を見《み》た。先生《せんせい》が言《い》ったとおり、足首《あしくび》から下《した》がなくなっている。驚《おどろ》きと恐怖《きょうふ》と悲《かな》しみが押《お》し寄《よ》せてきた。あったはずの足《あし》がない。友《とも》だちにはある足《あし》がない。右足《みぎあし》にはある足《あし》の甲《こう》や指《ゆび》が、左《ひだり》足《あし》にはない。足首《あしくび》までしかなく、短《みじか》くなった左足《ひだりあし》。死《し》にたくない、バスケットボールを続《つづ》けたいと思《おも》い、切断《せつだん》した。だけど、こんな足《あし》じゃ、バスケットボールなんてできやしない。普通《ふつう》に暮《く》らすことだって難《むずか》しいだろう。


ケガをして初《はじ》めて泣《な》いた。布団《ふとん》をかぶり1人《ひとり》で泣《な》いた。泣《な》いても泣《な》いても涙《なみだ》はずっと流《なが》れ続《つづ》ける。心《こころ》の不安《ふあん》や悲《かな》しみは消《き》えない。

(身体障害者《しんたいしょうがいしゃ》——俺《おれ》は身体障害者《しんたいしょうがいしゃ》になったんだ)

そう思《おも》うと、恥《は》ずかしくてたまらない気持《きも》ちになった。

小学生《しょうがくせい》のころ、障害《しょうがい》のある人《ひと》を冷《ひ》やかすような行動《こうどう》を取《と》ったことがある。バカにするような、そんな態度《たいど》を取《と》ったのだ。面白半分《おもしろはんぶん》で罪悪感《ざいあくかん》もなかった。しかし、自分《じぶん》がその立場《たちば》になり、なんてひどいことをしたのかと後悔《こうかい》した。そして、友《とも》だちにバカにされるんじゃないかと怖《こわ》かった。こんな姿《すがた》を友《とも》だちには見《み》せられない。

だから、友《とも》だちが見舞《みま》いに来《き》てくれても絶対《ぜったい》に会《あ》わなかった。

「友《とも》だちになんて会《あ》えないよ。誰《だれ》にも会《あ》いたくない。なんでこんな思《おも》いをしなくちゃいけないんだよ」

心配《しんぱい》そうに優《やさ》しい言葉《ことば》をかけられると、悲《かな》しみがどんどん大《おお》きくなって、それが怒《いか》りに変《か》わった。両親《りょうしん》や家族《かぞく》、先生《せんせい》や看護師《かんごし》さんにその怒《いか》りをぶちまけた。

「徹也君《てつやくん》。実《じつ》はまた手術《しゅじゅつ》をしなくちゃいけなくなったんだ」

数日後《すうじつご》、再《ふたた》び先生《せんせい》がそう切《き》り出《だ》した。そして、初《はじ》めて、こういう事態《じたい》に陥《おちい》った理由《りゆう》を説《せつ》明《めい》してくれた。

「最初《さいしょ》のじん帯手術《たいしゅじゅつ》のときに、誤《あやま》って、血管《けっかん》を切断《せつだん》してしまったんです。それを繋《つな》ぐ手術《しゅじゅつ》もうまくいかず、足《あし》が腐《くさ》ってしまったから、足首《あしくび》から下《した》を切断《せつだん》したんです。それでおさまると考《かんが》えていたけれど……残念《ざんねん》ながら、太《ふと》ももから下《した》を切断《せつだん》しなくちゃいけなくなりました」

難《むずか》しいわけじゃないと言《い》われていた手術《しゅじゅつ》の失敗《しっぱい》。それを知《し》らされた徹也《てつや》は「もうどうでもいいよ。好《す》きにしてくれ」と思《おも》うしかなかった。足首《あしくび》から先《さき》を切断《せつだん》したあとも毎日高熱《まいにちこうねつ》に苦《くる》しみ、体《からだ》のあちこちに注射針《ちゅうしゃばり》を打《う》たれ、強《つよ》い薬《くすり》が送《おく》られている。薬《くすり》の影響《えいきょう》で食《た》べたものを吐《は》き出《だ》してしまう。足《あし》だけでなく、体《からだ》の状態《じょうたい》はずっと悪《わる》かった。

「もう、俺《おれ》、死《し》んでしまいたい。死《し》にたいよ」

あるときは大《おお》きな声《こえ》で、あるときはささやくような声《こえ》で、何度《なんど》も繰《く》り返《かえ》す徹也《てつや》を前《まえ》に、お父《とう》さんもお母《かあ》さんも「ごめんね」とこたえるだけだった。両親《りょうしん》を責《せ》めるつもりはなかった。でも自分《じぶん》が味《あじ》わっている苦《くる》しみは、誰《だれ》にも理解《りかい》できるはずがないと思《おも》っていた。そしてその苦《くる》しみをどうしていいのかもわからない。イライラをぶつけられるのは家族《かぞく》だけだった。

ずっとこんな気持《きも》ちを抱《かか》えて生《い》きていくなんてできない。自分《じぶん》の未来《みらい》を想像《そうぞう》することもできなかった。笑《わら》える日《ひ》なんて、二度《にど》と訪《おとず》れないだろう。

絶望《ぜつぼう》——。

その言葉《ことば》の意味《いみ》を深《ふか》く思《おも》い、思《おも》えば思《おも》うほど、気《き》が変《へん》になりそうだった。

新《あたら》しい夢《ゆめ》、そして勇気《ゆうき》

4度目《どめ》の手術《しゅじゅつ》が終《お》わると、左足《ひだりあし》はほとんどなくなってしまったが、体調《たいちょう》は日《ひ》に日《ひ》に回復《かいふく》した。12月《がつ》に始《はじ》まった入院生活《にゅういんせいかつ》も数《すう》か月《げつ》が過《す》ぎ、徹也《てつや》の心《こころ》も少《すこ》しずつ落《お》ち着《つ》いていった。

「バスケットをやりたい」という気《き》持《も》ちがどんどん強《つよ》まっていく。

そんなとき、お母《かあ》さんが車《くるま》いすバスケットボールの選手《せんしゅ》が主人公《しゅじんこう》の『リアル』というマンガを持《も》ってきてくれた。

小学生《しょうがくせい》のころに見《み》た車《くるま》いすバスケットボールの試合《しあい》を思《おも》い出《だ》した。でも、自分《じぶん》が車《くるま》いすバスケットをするなんて想像《そうぞう》さえできなかった。

失《うしな》った足《あし》の代《か》わりとなる義足《ぎそく》をつければ、２本《はん》の足《あし》で歩《ある》くことができると教《おし》えてもらい、「だったら義足《ぎそく》でバスケットをやれるな」と考《かんが》えたりもした。でも、義足《ぎそく》で歩《ある》くようになるには、時間《じかん》をかけたリハビリが必要《ひつよう》で、走《はし》ることは難《むずか》しいとも言《い》われていた。

「ねえ、今日《きょう》も友《とも》だちがお見舞《みま》いに来《き》てくれているけど、まだ会《あ》う気《き》にはなれない？」

ずっと面会《めんかい》を断《ことわ》っているのに、毎日《まいにち》やって来《く》る友《とも》だちがいた。足《あし》がなくなってしまった自分《じぶん》のことを彼《かれ》らがどんなふうに思《おも》うのか？　どんな反応《はんのう》をするのか？　その怖《こわ》さや不安《ふあん》は消《き》えてはいなかった。だけど、毎日《まいにち》ベッドの上《うえ》で、病室《びょうしつ》の天井《てんじょう》ばかりを見上《みあ》げている生《せい》活《かつ》には、うんざりしていた。久《ひさ》しぶりに仲間《なかま》の顔《かお》を見《み》てみたかった。

「徹也《てつや》、いつ学校《がっこう》へ来《く》るの？　お前《まえ》がいないとつまらないよ。早《はや》く来《こ》いよ」

病室《びょうしつ》へ入《はい》るとすぐに、そう言《い》ってくれた。徹也《てつや》の姿《すがた》に戸惑《とまど》う様子《ようす》もなかった。

「だけどさ、俺《おれ》、足《あし》、なくなっちゃったしさ」

ボソッとこたえる徹也《てつや》の声《こえ》をかき消《け》すように、強《つよ》い言葉《ことば》が返《かえ》ってきた。

「車《くるま》いすに乗《の》ってくればいいじゃん。車《くるま》いすも荷物《にもつ》も俺《おれ》が運《はこ》んでやるよ。心配《しんぱい》しなくても大丈夫《だいじょうぶ》だよ」

入院《にゅういん》をする前《まえ》、ケガをする前《まえ》とまったく変《か》わらない友《とも》だちの態度《たいど》がうれしかった。その後《あと》は夢中《むちゅう》でいろんな話《はなし》をした。まるで休《やす》み時間《じかん》のように面白《おもしろ》い話《はなし》をして、笑《わら》い合《あ》った。

「もう遅《おそ》くなるから、帰《かえ》ったほうがいいよ」とお母《かあ》さんに言《い》われて、ずいぶんと時間《じかん》がたっていたことに気《き》づいた。

「楽《たの》しかったなぁ。また来《く》るよ」

「うん、また来《き》て！」

足《あし》がなくなったことも障害者《しょうがいしゃ》になったことも関係《かんけい》ない。友情《ゆうじょう》は変《か》わらなかった。

次《つぎ》の日《ひ》からは、何人《なんにん》も友《とも》だちが病室《びょうしつ》を訪《たず》ねてくれた。

あるときには病院《びょういん》を抜《ぬ》け出《だ》して、車《くるま》いすで近所《きんじょ》のショッピングモールへ出《で》かけたこともある。「無断外出《むだんがいしゅつ》」だったから、こっぴどく叱《しか》られたけど、楽《たの》しい冒険《ぼうけん》だった。

見舞《みま》いに来《き》てくれた友《とも》だちを病室《びょうしつ》へ招《まね》いたことで、徹也《てつや》の新《あたら》しい人生《じんせい》の扉《とびら》が開《ひら》いた。

そして春《はる》、退院《たいいん》するとすぐ、富山県車《とやまけんくるま》いすバスケットボールクラブ（富山県《とやまけん》ＷＢＣ《ダブリュービーシー》）の練習《れんしゅう》を見学《けんがく》しに出《で》かけた。そのチームは、小学生《しょうがくせい》だった徹也《てつや》が初《はじ》めて見《み》た車《くるま》いすバスケットボールの、あのチームだった。

徹也《てつや》のような中学生《ちゅうがくせい》はいなかった。お兄《にい》さんと同《おな》じくらいの年齢《ねんれい》の人《ひと》やお父《とう》さんと同《おな》じくらい、それ以上《いじょう》の年齢《ねんれい》の人《ひと》がいる。普段《ふだん》の生活《せいかつ》でも車《くるま》いすに乗《の》らなくちゃいけない人《ひと》もいれば、練習《れんしゅう》が終《お》わると義足《ぎそく》をつけて、普通《ふつう》に歩《ある》いている人《ひと》も。さまざまな年齢《ねんれい》、さまざまな障害《しょうがい》のある人《ひと》たちが、車《くるま》いすに乗《の》って、1つのボールを追《お》っていた。

ポーーン、ポーーンとバスケットボールが床《ゆか》に落《お》ちたときに響《ひび》く音《おと》。

バン！　バックボードにボールが当《あ》たる音《おと》。

汗臭《あせくさ》いような、体育館《たいいくかん》独特《どくとく》の匂《にお》い。

懐《なつ》かしい体育館《たいいくかん》の空気《くうき》。「帰《かえ》ってきた。帰《かえ》ってこられた」とうれしくなった。

車《くるま》いすバスケットボールと、競技《きょうぎ》は変《か》わってしまったけれど、関係《かんけい》はなかった。足元《あしもと》には以前《いぜん》使《つか》っていたバスケットボールシューズ。右足《みぎあし》にしか使《つか》えないけれど、またこのシューズと一緒《いっしょ》に新《あたら》しい夢《ゆめ》へ向《む》かって頑張《がんば》ろうと思《おも》えた。車《くるま》いすバスケットボールには、パラリンピックへ出場《しゅつじょう》する日本代表《にほんだいひょう》チームが存在《そんざい》することを知《し》った。

「日本代表《にほんだいひょう》になって、パラリンピックに出場《しゅつじょう》する」

そう考《かんが》えるだけで、ワクワクが止《と》まらなかった。
誰《だれ》かに夢《ゆめ》や目標《もくひょう》を聞《き》かれるたび、徹也《てつや》は胸《むね》を張《は》ってそうこたえた。

支《ささ》えてくれた人《ひと》たちのために

最初《さいしょ》はなかなか上手《じょうず》にできなかった車《くるま》いすバスケットボールだったけれど、チーム練習《れんしゅう》がないときも、懸命《けんめい》に練習《れんしゅう》した。練習場《れんしゅうじょう》となる体育館《たいいくかん》へは、家族《かぞく》の車《くるま》で移動《いどう》した。仕事《しごと》を終《お》えた後《あと》、家事《かじ》の合間《あいま》、忙《いそが》しい時間《じかん》を工夫《くふう》しながら、家族《かぞく》みんなが徹也《てつや》の夢《ゆめ》のために力《ちから》を貸《か》してくれたのだった。

2005年《ねん》、車《くるま》いすバスケットを始《はじ》めて1年《ねん》あまりのころ、見事《みごと》ジュニア日本代表《にほんだいひょう》チームのメンバーに選《えら》ばれ、世界大会《せかいたいかい》へ出場《しゅつじょう》することになった。初《はじ》めての国際大会《こくさいたいかい》。イギリスへ行《い》き、世界各国《せかいかっこく》のジュニア代表《だいひょう》チームとの対戦《たいせん》は、とても面白《おもしろ》かった。富山以外《とやまいがい》の世界《せかい》を知《し》らない徹也《てつや》にとっては、海外遠征《かいがいえんせい》だけでも楽《たの》しくてしようがない。対戦相手《たいせんあいて》は肌《はだ》の色《いろ》や目《め》の色《いろ》、髪《かみ》の色《いろ》も違《ちが》う。話《はな》している言葉《ことば》すらわからない。びっくりするほど大《おお》きな選手《せんしゅ》もいた。だけど、どんな相手《あいて》にだって負《ま》けたくはなかった。

そしてつかんだ銀《ぎん》メダル。手《て》にしたメダルはズシリと重《おも》かった。

ジュニアオールスターの選考会《せんこうかい》での負傷《ふしょう》。そこから数《すう》か月《げつ》も続《つづ》いた悪夢《あくむ》のような日々《ひび》。徹也《てつや》だけでなく、家族《かぞく》が、友《とも》だちが、たくさんの涙《なみだ》を流《なが》してくれた。生《い》きることを諦《あきら》めようとすら考《かんが》えた。真《ま》っ暗《くら》な世界《せかい》の中《なか》でおぼれているような状態《じょうたい》だった徹也《てつや》に、手《て》を差《さ》し伸《の》べてくれた友《とも》だち。そして、どんなときもそばにいて、絶望《ぜつぼう》と闘《たたか》う徹也《てつや》の心《こころ》に寄《よ》り添《そ》ってくれた家族《かぞく》。子《こ》どもだった徹也《てつや》は「お父《とう》さんやお母《かあ》さんだって、僕《ぼく》の苦《くる》しみはわからない」と思《おも》っていた。しかし、大人《おとな》になり、2人《ふたり》の息子《むすこ》の父《ちち》となった徹也《てつや》は言《い》う。

「自分《じぶん》の子《こ》どもが足《あし》を失《うしな》う。それをだまって見《み》ていることしかできなかった両親《りょうしん》は、僕以上《ぼくいじょう》につらかったんだろうなって思《おも》うんです」

1つの銀《ぎん》メダルには、徹也《てつや》を支《ささ》え、応援《おうえん》してくれたたくさんの人《ひと》たちの思《おも》いがつまっていた。彼《かれ》らの応援《おうえん》に少《すこ》しでも恩返《おんがえ》ししたい——徹也《てつや》はそう考《かんが》えた。

翌年《よくとし》、ジュニア代表選手《だいひょうせんしゅ》のうち数人《すうにん》がパラリンピックを目指《めざ》す日本代表《にほんだいひょう》へ推薦《すいせん》された。徹也《てつや》もその1人《ひとり》に選《えら》ばれた。代表選手《だいひょうせんしゅ》の多《おお》くが強豪《きょうごう》と呼《よ》ばれるチームに所属《しょぞく》していたが、徹也《てつや》の所属《しょぞく》する富山県《とやまけん》ＷＢＣ《ダブリュービーシー》は全国的《ぜんこくてき》に見《み》ると、強《つよ》いチームではなかった。

「パラリンピックの代表《だいひょう》になるためには、強《つよ》いチームでプレーしなくちゃいけない」

そう決意《けつい》した徹也《てつや》は、信頼《しんらい》するコーチのもとで練習《れんしゅう》したいと考《かんが》え、愛知県《あいちけん》の大学《だいがく》へ進学《しんがく》する。富山《とやま》の仲間《なかま》たちと別《わか》れて、新《しん》チームへ移籍《いせき》する覚悟《かくご》だった。

しかし、移籍《いせき》を認《みと》めてもらえなかった。

「毎日《まいにち》の練習《れんしゅう》は僕《ぼく》らのチームでやればいい。だけど、試合《しあい》には富山県《とやまけん》ＷＢＣ《ダブリュービーシー》の選手《せんしゅ》として出場《しゅつじょう》する方《ほう》が、きっと徹也自身《てつやじしん》のためになるはずだから」

コーチの言葉《ことば》に、徹也《てつや》はハッとした。

足《あし》を失《うしな》ったとき、地元富山《じもととやま》にチームがあったから、徹也《てつや》は車《くるま》いすバスケットボールに挑戦《ちょうせん》することができた。もしも、とても遠《とお》い場所《ばしょ》にしかチームがなかったら、練習《れんしゅう》にも通《かよ》えず、車《くるま》いすバスケットボールを続《つづ》けることはできなかっただろう。

富山県《とやまけん》ＷＢＣ《ダブリュービーシー》によって、徹也《てつや》は救《すく》われたのだ。そこで新《あたら》しい夢《ゆめ》や目標《もくひょう》を見《み》つけた。大都《だいと》市《し》の強豪《きょうごう》チームではなく、地方《ちほう》の富山《とやま》にあるチームの一員《いちいん》として、日本代表《にほんだいひょう》に選《えら》ばれ、パラリンピックに出場《しゅつじょう》することができれば、富山県《とやまけん》WBC《ダブリュービーシー》へ恩返《おんがえ》しができる。そして、地方《ちほう》の小《ちい》さなクラブでプレーしている選手《せんしゅ》たちにも「日本代表《にほんだいひょう》を目指《めざ》そう」という勇気《ゆうき》を与《あた》える存在《そんざい》になれるかもしれない。

応援《おうえん》し、サポートしてくれた人《ひと》たちのためだけでなく、まだ会《あ》ったこともない〝仲間《なかま》〟のために頑張《がんば》りたい、と徹也《てつや》は思《おも》った。


2007年《ねん》、富山県《とやまけん》WBC《ダブリュービーシー》を率《ひき》いて、地域予選《ちいきよせん》を勝《か》ち抜《ぬ》き、全国大会《ぜんこくたいかい》である「日本車椅子《にほんくるまいす》バスケットボール選手権《せんしゅけん》」に初出場《はつしゅつじょう》を果《は》たした。

そして2008年《ねん》、北京《ペキン》で行《おこな》われたパラリンピックで日本代表《にほんだいひょう》の一員《いちいん》に選《えら》ばれる。


「てっちゃん！　パラリンピックに出《で》るなんてすごいね。てっちゃんの写真《しゃしん》が載《の》った新聞《しんぶん》、大事《だいじ》にとってあるからさ。頑張《がんば》るんだよ」

近所《きんじょ》のおじいちゃんやおばあちゃんがそう言《い》って喜《よろこ》んでくれた。ケガをして長《なが》い入院生《にゅういんせい》活《かつ》を経《へ》て退院《たいいん》したときは、「てっちゃん、てっちゃんの足《あし》が……足《あし》がなくなるなんて」と体《からだ》や声《こえ》を震《ふる》わせながら泣《な》いてくれた人《ひと》たちだった。

２０１２年《ねん》、ロンドンパラリンピックへ出場《しゅつじょう》し、２０１６年《ねん》、３大会連続《たいかいれんぞく》となるリオデジャネイロパラリンピックの日本代表《にほんだいひょう》にも選《えら》ばれた。

「足《あし》がなくなったとき、人生《じんせい》が終《お》わったような気持《きも》ちになりました。だけど、今《いま》、車《くるま》いすバスケットボールの選手《せんしゅ》として、パラリンピックに出場《しゅつじょう》し、普通《ふつう》の人生《じんせい》ではありえないような多《おお》くの出会《であ》いがあり、応援《おうえん》してもらっている。足《あし》を切断《せつだん》したからこそ、得《え》られた経験《けいけん》もたくさんあります。あのときケガをしていなかったら、手術《しゅじゅつ》がうまくいっていたら、どうなっていたのだろうと考《かんが》えることもなく、毎日《まいにち》を一生懸命《いっしょうけんめい》生きてきた。その人生《じんせい》はとても充実《じゅうじつ》しています。それは、僕《ぼく》に夢《ゆめ》があったから。やっぱり夢《ゆめ》の力《ちから》は大《おお》きい。『飛行機《ひこうき》に乗《の》りたい』とか、どんなに小《ちい》さくてもいいから、なりたい自分《じぶん》をイメージするだけで、ワクワクできる。それだけで、自分《じぶん》が変《か》われるんです。

僕《ぼく》のように途中《とちゅう》で夢《ゆめ》を諦《あきら》めるようなことになっても、また新《あたら》しい夢《ゆめ》を手《て》にすればいい。夢《ゆめ》を見《み》つけたら、そこへ向《む》かうための小《ちい》さな目標《もくひょう》を立《た》てて、それをクリアするためにコツコツコツコツ頑張《がんば》る。困《こま》ったときには誰《だれ》かが助《たす》けてくれるし、友《とも》だちが支《ささ》えてもくれる。そういう人《ひと》たちへの感謝《かんしゃ》の気持《きも》ちがまた力《ちから》になるし、自分《じぶん》は1人《ひとり》じゃないと思《おも》えるだけで、毎日《まいにち》が本当《ほんとう》に楽《たの》しくなるんです」

生《い》きることを諦《あきら》めかけるほどのどん底《ぞこ》から徹也《てつや》を変《か》えてくれたのが、車《くるま》いすバスケットボールだった。新《あたら》しい夢《ゆめ》を胸《むね》に抱《いだ》くことができたから、困難《こんなん》を伴《ともな》うであろう新《あたら》しい人生《じんせい》を一歩前《いっぽまえ》へと踏《ふ》み出《だ》せた。

パラリンピックでメダルを――。

徹也《てつや》の挑戦《ちょうせん》に終《お》わりはない。

【宮島徹也　リオパラリンピックへのあゆみ】

1988年11月29日生まれ。

1998年	小学4年生ころからバスケットを始める。
2002年	中学2年生のとき、県選抜チーム選考会で左足前十字じん帯を断裂。 手術の失敗で左足を切断することに。 地元の富山県WBCで車いすバスケットボールに挑戦する。
2004年	高岡龍谷高校へ進学。
2005年	車いすバスケットボールジュニアの日本代表に選出されて、 世界大会に出場し、準優勝。
2006年	高校生ながら、日本代表に選ばれる。
2007年	愛知県の日本福祉大学へ進学するも、地元の富山県WBCの選手として、 日本車椅子バスケットボール選手権大会に初出場する。
2008年	北京パラリンピック出場。
2012年	ロンドンパラリンピック出場。
2016年	リオデジャネイロパラリンピック代表選手に選出される。

Shogakukan Junior Bunko

★小学館ジュニア文庫★
12歳の約束 そして世界の頂点へ

2016年8月1日 初版第1刷発行

著者/矢内由美子、寺野典子
イラスト/石野てん子

発行人/立川義剛
編集人/吉田憲生

発行所/株式会社 小学館
〒101-8001 東京都千代田区一ツ橋2-3-1
電話 編集 03-3230-5105
販売 03-5281-3555

印刷・製本/中央精版印刷株式会社

デザイン/クマガイグラフィックス

Printed in Japan ISBN 978-4-09-230876-3